試合で勝てる!

テニス
最強のメンタルトレーニング

新装版

海野 孝 著

メイツ出版

●この本の使い方●

この本では、テニスをするうえで必要なメンタル充実のコツを60紹介しています。スポーツと心理に関する基本的な考え方から、日頃行うことができるメンタルトレーニングの方法まで、心理状態をコントロールするための知識を一通り網羅しています。したがって最初から読んでいってもいいですし、自分が苦手とする項目があれば、そこだけピックアップして修得することも可能です。各ページには、紹介しているコツを修得するために必要なポイントがあげられています。みなさんの理解を深めるための助けにしてください。

　さらにこの本の特色として、ページ途中や巻末にあなたのメンタルをチェックできるテストを複数用意しています。試合中の心理状態を把握したり、練習する上で参考にしてください。

POINT
コツをマスターするためのポイントを紹介している。マスターする際は、常に意識して行おう。

コツ
05
「自信を持つ」ための考え方を身につける
マイナス思考のクセをなくそう
試合の勝敗の結果というのは、不確定要素が多いために、勝つことを求められると誰もが不安を感じる。しかし、勝つために努力することを求められたらどうだろう？努力することならできそうだと答えるのではないか？
また、強いと評判の選手や苦手なタイプの選手との対戦、もしくは自分の調子や環境条件の悪いときには、誰もが自信を持てなくなる。しかし、試合はやってみなければ分からない。相手がミスをすることもある。必ず勝てるチャンスが来ることを信じて頑張ってみることが大切だ。調子が悪
28

タイトル
このページでマスターするコツと、テクニックの名前などが一目で分かるようになっている。

解説文
このページで紹介しているコツと、関係する知識を解説している。じっくり読んで理解を深めよう。

コツの理解

タイトルとPOINTに連動して、コツをマスターするために写真を使って分かりやすく解説する。

PART2

メンタルを5つのキーワードから把握する

試合を想定した練習メニューを取り入れる

普段から計画的・合理的な練習をして自信を高める

ミスをしたときに、自分なりのチェックポイントを普段の練習から身につけておくことも必要だ。計画的・合理的な練習を通して実力を身につけるとともに、自信も高めよう。練習を反省するときは、成功プレーに注目することが大切。良かったプレーに注目して、それをイメージとして定着させることができる。

1ポイントごとに集中する

次の1ポイントをとることに集中する

先のことを考えると、不安や心配など余計な考えが頭に浮かんできやすい。しかし、結果はついてくるものであって、試合中に心配していても仕方のないことである。ミスをすることを予想していると、ミスはますます増えてしまう。先の展開をむやみに予想せず、次のポイントに集中しよう。

ミスは引きずらない

自分には悪いほうに考えるクセがあることに気づく

ミスした直後のプレーは、ネガティブな思考になりやすい。コート上ではひとりで考え、判断してプレーしなければならず、「ひとつのポイント」「ひとつのミス」にとらわれてしまうと、次のプレーにも影響がでる。その結果、相手選手のショットに対しても過剰に警戒してしまい、フォームに狂いや迷いが生じる。

POINT

1 …的・…習をして自…を

2 …1ポイン…を…

3 …分には悪いほう…があることに

試合中に自信がなくなりやすい人は、無意識に悪いことを想像するクセがある。先のことは誰にも分からない。どうせ分からないことを予想するなら、**良い方向の展開を予想して、「今度はできそうだ」「きっとやれる」といった前向きな考え方をする**クセをつけるように努力してみよう。

成功したプレーをイメージに定着させる

強い対戦相手に対して、勝つ自信がなくても構わない。勝つために努力する、または努力してきたという自信があればよい。ポイントの結果によって、ネガティブな思考にならず、ポジティブな思考をもつことが大切。予想するときは良いほうの展開を予想することで、チャンスは必ずやってくる。

29

または

●めんたるこぼれ話●

真の競争は「勝つために努力する」こと

「精神的に強くなる」には、まず「あきらめないこと」が大切。対戦相手の技能レベル、その日の環境条件や調子、展開、それらのすべてを受け入れたう[illegible]、勝つための努力をすること。試合では自分の心の状態を整え、相手の繰り出す打球に対してポジションと配球を工夫していくことが大切だ。実際には勝つことが難しくなると、ゲームの途中で努力を放棄するプレーヤーが多い。真の競争は勝つことではなく、勝つために努力することにある。

めんたるこぼれ話

メンタルにまつわるエピソードを紹介。トップアスリートたちのメンタルに対する取り組みが理解できる。

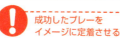

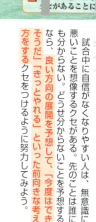

目次

本書は2011年発行『試合で勝てる！テニス最強のメンタルトレーニング』の書名・装丁を変更し、新たに発行したものです。

協　　力　宇都宮大学テニス部
撮　　影　柳太
デザイン　さいとうなほみ
イラスト　庄司猛　都澤昇
執筆協力　海川俊世
編　　集　株式会社ギグ

PART 1

なぜテニスのプレーにメンタルが左右するのか

テニスとメンタルは切っても切れない関係。いくら練習ですばらしい動きをしても、メンタルがしっかりしていなければ、試合でパフォーマンスは発揮できない。テクニックとともに心も磨こう！

コツ +α

テニスで最高のプレーを実現するための心理状態

選手のプレーの好不調の波と心理状態には密接な関係があるとされている。そこで、理想の心理状態を把握するために、スポーツ選手が最高のプレーをしたときの心理状態を明らかにしようとする研究がこれまでになされてきた。

「自信」 たとえ周囲で何が起こっても、また、一時的にうまくいかないことがあっても、あせったり取り乱したりしないで、堂々として積極的な態度を維持することができる。

「内的コントロール」 気候、施設、審判などの試合をとりまく条件が悪条件のときでも、また、試合中の偶発的な出来事やどんな局面に出会っても、自分の努力次第でそれらを克服できる気がする。外的要因を失敗の言い訳にしたりしない。

「積極的、楽観的」 負けること、失敗することを心配していない。してはいけないことよりも、すべきこと、

成功するための方策に注意が向いている。

「意欲、喜び、楽しさ」あきらめたり、油断したり、投げやりになったりしていない。困難を乗り越えようと挑戦していることに、喜びと楽しさを感じてプレーしている。

「落ち着き、平静」あせり、力み、怒りといった感情に支配されていない。落ち着いているから、精神集中や機敏な反応ができる。

「筋肉のリラックス」筋肉が緊張しすぎていると動作がぎこちなくなり、微妙な調整ができなくなる。そうならないために、試合前のウォームアップや試合中のリラクセーションといった準備・対処法を実行できている。

「現在のプレーへの集中」すんだことを悔やんだり、これからの成り行きを心配せず、余計なことに注意を向けることなく、現在のプレーに必要な手がかりに注意を向けている。

「注意力が冴えている」いつになく予測や読みが冴えていて、すばやく的確に反応することができる。相手やボールの動きがゆっくり感じられ、はっきりと見える。

　これらの状態に、いかに試合において自分のメンタルをコントロールするかが勝利のカギといえる。本書では「理想の心理状態」に導く手段を基本から学び、心と身体の状態をピークに持っていき、思いどおりのプレーができる、「勝利のためのメンタル」をレクチャーする。

●めんたるこぼれ話●

「ピークパフォーマンスのときの心理状態」

1985 年、わが国でメンタルトレーニングに関する組織的な研究がなされたとき、重要なテーマとして、ピークパフォーマンスのときの心理状態が取り上げられた。私も研究班の一員としてテニスを担当し、当時の日本一のプレーヤーであった福井烈選手と、井上悦子選手にインタビューを行った。

福井選手は、1983 年の香港オープンで世界 35 位のワーウイック選手に 7 − 5、1 − 6、7 − 6 で勝利したファイナルセットの集中した状態について「過去や未来が頭にない現在への集中」「考えているし、狙っている」「心は燃えていて、頭は冷静」と話していた。

井上選手は、1984 年ボーデンクラシックで世界 10 位のボンダ―選手に 1 − 6、6 − 1、6 − 3 で勝利したファイナルセットの集中した状態について「顔が熱い」「ネットについたときに相手のパスの方向が自然な状態でわかる（そこにボールが来る）」「サーブリターンも自然に体が動く」と話している。両者の表現に若干の違いはあるが、二人ともいわゆるゾーンの経験をしていることがわかる。

SPECIAL INTERVIEW

元日本代表監督・植田実氏に聞く

メンタルを磨くための7つのメッセージ

テニスプレイヤーにとって、技術やフィジカル、そしてメンタル面の充実はスキルアップに欠かせない要素といえる。これはトップ選手に限ったことではなく、アマチュアにおいても同じことが言え、とりわけメンタル面の充実はおろそかにされがち。ここではフェドカップの日本代表チームの監督をつとめた植田氏に、トップ選手たちのメンタルへの意識や取り組み方を聞く。

写真：青木紘二／アフロスポーツ

最初からメンタルが強い選手など一人もいない

テニスに限らず、スポーツの原点は〝プレーを楽しむこと〟。ビギナーなら最初は飛んでくるボールをラケットでただ打ち返すだけで楽しく、2〜3回ラリーが続いたり、強いショットが狙ったコースに打てたりすることにも喜びを感じることでしょう。

それがいつしか、相手と技術を競い合い、試合に勝つことに、大きな楽しさを感じるようになります。この段階に入ると、プレーヤーはさまざまなストレスを感じ始めます。競争する相手や親、コーチ、ダブルスパートナーとの関係、自分の戦績やテクニック（技術面）・フィジカル（体力面）への不満、試合で負けることへの不安、周囲の期待や評価に対するプレッシャーなど、ストレスの原因は実に多いのです。こうしたストレスから〝プレーを楽しむこと〟が難しくなって練習や試合に対する意欲が低下し、なかなか良い結果が出ないのでさらに意欲が下がるという悪循環に陥ってしまうのです。

振りかかってくるストレスに打ち克つために、もしくはストレス自体の受け止め方を変えるために必要になってくるのが、メンタル（精神面）・トレーニングです。「自分はメンタルが弱い」と嘆く人がいますが、経験もなく初めからテニスプレーヤーとしてのメンタルが強い人は一人もいません。失敗や成功、人とのコミュニケーション、未知の環境や局面など、さまざまな経験を積み、試行錯誤を繰り返すうちに少しずつ鍛えられ、ようやくメンタルが強いプレーヤーになれるのです。

ただ経験を積むだけではメンタルの成長はほとんど望めません。**ひとつの失敗や局面をどうとらえ、次の練習や試合にどうやって生かすのか、その方法を知らなければ、同じような失敗を何度も繰り返してしまいます。**それを防ぐサポートの役割を果たしてくれるのが、メンタル・トレーニングなのです。

メンタル・トレーニングの基本は〝心の引き出しを増やすこと〟

本書ではさまざまなメンタル・トレーニングの実践方法が紹介されていますが、その多くの基本目的は〝自分の心の引き出しを増やすこと〟だと私は思います。練習でも試合でも、テニスのプレーに取り組むときには、実に多くの局面に出会います。もしそれが自分にとって初めての局面だと感じたら、その感覚や経過、結果を記憶し、心の中に新しい引き出しを作ってしまっておくようにします。そしてそれを必要に応じてノートに記録したり頭の中で再現したりしてきちんと整理しておきます。こうすることで、**次に同じような局面に再び出会ったときに、心の引き出しから整理した内容を取り出し、より良いプレーができるように活用すればいいのです。**

この作業を繰り返し、引き出しの数や使う機会を増やすことで、メンタルの強さは徐々に高まっていきます。また、試合中に全く新しい局面に出会っても、むやみに不安やプレッシャーを感じることはなくなるはずです。

単純で容易な作業に思えますが、根気のいる地味な作業であり、長い期間を要することでもあります。また、プレーヤーとしてのレベルが上がるにつれ、対戦相手のレベルもまた上がって、新しく出会う局面の数や複雑さが増していくことになります。今まで通用していたやり方が通じなくなり、戸惑うこともあるでしょう。それでも、この〝心の引き出し作り〟を決してあ

きらめないことが大切です。部屋に置くことができる収納の大きさには限りはあっても、心の大きさには限りがありません。また、引き出しを作り続け、整理や活用を繰り返すことは、実は、テニスの原点である〝プレーを楽しむこと〟にもつながっているのです。

登るために必要な荷物を取捨選択する力をつける

たとえば山登りをするとき、山道が険しいほど、また距離が長いほど、携帯する装備が多くなりがちです。しかし、あれもこれもすべて必要だと携帯したら、その大きさや重さが負担となり、歩く速度が落ちたり、頻繁に休んだりするでしょう。数ある装備の中から、どうしても必要なものは何か、他のもので代用できるものは何か、今回の登山では必要ないものは何かを自分なりに判断しなければなりません。これはテニスのメンタル面でも同じことが言えます。**試合での成功や失敗の経験を積みながら、次の練習や試合でも継続して取り組むこと、方法をあらためたほうがよいことを一つひとつ見極め、新しいチャレンジに臨んでいくのです。**

知識や情報はプレーの向上に確かに役立つものですが、とらわれすぎると思い切ったプレーができず、ミスをおかすことや負けることへの恐怖心がかえって増してしまいます。メンタル・トレーニングについても、さまざまな方法にどんどんトライすべきですが、すべてが自分に適しているわけではありません。一度か二度試しただけで簡単にあきらめるのはよくありませんが、ある程度の期間を経た上で自分との相性を判断したり、プレーヤーとしてのレベルや課題、環境の変化に合わせて取り組み方を工夫したり切り替えたりすることは、とても大切。こうしたスキル（能力）を磨くことも、メンタルの強化には必要なのです。

テクニック・フィジカル・メンタル・タクティカル（戦術面）の充実

テニスは、メンタル（精神面）のコンディションがプレーに大きな影響を及ぼす競技ですが、メンタルがいくら強くても、テクニック（技術面）やフィジカル（体力面）、タクティカル（戦術面）のレベルが伴わなければ、試合で安定した好結果を出すことはかないません。一方、テクニックやフィジカルがメンタルの不調をカバーしてくれることもあります。

試合中、相手に大きくリードされたり、大事なゲームを奪われそうになって弱気になったとき、自分が最も得意とするショットを思い切って打ち込み続け、ポイントを得ることで、劣勢やピンチを脱するきっかけになることがよくあります。また、テクニックのレベルが拮抗し、一進一退の展開でフルセットまで続くような試合では、疲れを感じて弱気になりがちですが、そんなとき、チェンジコートでふと相手を見たら自分よりもずっと疲れた様子だと気づいたらどうでしょう。足どりも軽くなり、自然と勇気がわいてきて疲れを感じなくなり、プレーの精度が上がることがあります。

メンタル・トレーニングに取り組むことは確かに必要ですが、それと同時に、自分の武器となるショットやプレースタイルを磨くことは、試合中のメンタルストレスを軽減してくれるため、技術向上には欠くことができません。さらには地道な走り込みでスタミナを強化する、ストレッチやマッサージ、栄養管理によるボディケアといったフィジカル・トレーニングも必要です。**心・技・体は互いを支え合うものであり、バランスを崩したままの練習では、プレーヤーとしての真の強さは得られないのです。**

一人では成し遂げられないこともある

テニスの試合では、監督やコーチから直接指導されたり、戦術のサインを受け取ったりすることができません。身体的・精神的なつらさをどれほど感じても、自分一人、ダブルスではパートナーとの二人で、それを乗り越えなければなりません。だからこそ、メンタルの強さが問われるわけですが、すべてのプレーヤーが常に最高のメンタル・コンディションを維持できるわけでもないのです。

私は、ジュニアからトップまでナショナルチームの監督を経験してきましたが、その中で、試合でプレーする選手のメンタル・コンディションにおいて、周囲のサポートがとても大きな力となる場面を何度も見てきました。声援や手拍子、好プレーへの歓声や拍手など、選手を支えようとする気持ちや行動は必ず選手に伝わりますし、選手もそれを受けて、自分一人（もしくは二人）だけで戦っているわけではないと気づき、前向きな気持ちを引き出したり、良い集中力を保てたりするようになります。時には、選手やコーチにも信じられないような不思議な力を発揮できることもあります。

たとえば1996年のフェドカップ日本対ドイツ戦の二日目。記憶されている方も多いかと思いますが、1試合目で伊達公子選手が、当時の世界ランキングトップのグラフ選手を破り、3試合目には杉山愛選手と長塚京子選手が、グラフ・フーバー組のダブルスペアを破り、日本チームが勝利しました。伊達選手が脚の故障を抱え、杉山・長塚組は相手がグラフであったにも関わらず。〝有明の奇跡〟として今も語り継がれています。

私はテニス協会のスタッフとしてお手伝いしていましたが、あの日は、選手達もコーチ陣も、大会スタッフも、そして有明コロシアムを埋め尽くした1万人の観客の方々も、まさに一体となって、誰もが経験したことのない最高の雰囲気を作り出していました。選手達の素晴らしいパフォーマンスはもちろんですが、**あの独特の雰囲気が、無形の力となって日本チームを後押ししていました。アスリートの極限の精神状態を示す〝ゾーン〟という言葉がありますが、あの日は会場全体がゾーンに入っていたのではないでしょうか。**

もし、試合中にメンタル的な問題を抱えた場合には、コートサイドにいるコーチやチームメイト、さらには観客席にいる仲間や関係者の声援、さらに会場にはいなくてもどこかで応援してくれているはずの家族や友人の想いに耳を傾けてみてください。また、コートの外で観戦するときには、選手に向かって精いっぱいのエールを送り続けてください。それが、試合中のメンタルを積極的かつ良い方向へと導く無形の力になってくれるはずです。

試合本番で大切なのは テーマと勝負所を忘れない

試合にのぞむプレーヤーに、ぜひ実践してほしいのが、**試合前に立てたテーマを変えないこと、そして勝負所での適度な集中を発揮することという2点です。**

テーマについては、勝利をめざすことよりも、勝利をつかむためにすべきことを考えます。基本戦術や球種の選択などは試合状況によってある程度臨機応変に行うべきですが、たとえば、ポイント間のルーティーンワークやショットの振り返り、攻撃的な姿勢など、メンタル面でのテーマについては、どんな試合展開になろうとも決して変えずに最後まで取り組むようにします。たとえその試合に敗れたとしても、テーマを貫いたことは、次の試合にきっと生かされるでしょうし、日々の練習での一層の工夫にもつながるはずです。逆に安易にテーマを変更したり途中で忘れたりすれば、自分の今後の課題がつかめなくなってしまいます。試合とは「試し合い」。それまでの練習の成果を相手の選手とともに試し合う場だと私は考えます。その成果をより意義深いものとするためにも、テーマの遂行はとても大切なのです。

もうひとつ、勝負所での集中とは、特にゲームポイントとなる局面を指します。ちなみに、テニスの試合では、ゲームポイントの局面はフォアサイドよりもバックサイドのほうが多くなります。フォアサイドでは15-40と40-15のカウントだけですが、バックサイドでは0-40、40-0、30-40、40-30、アドバンテージサーバー、アドバンテージレシーバーと、6パターンのカウントが該当します。ただ、こうした勝負所は、より大きなプレッシャーがかかりやすい局面でもあります。「ゲームを取る」「ポイントを取る」ことに気持ちを集中し過ぎて、最も大切なボールの軌道やバウンド・タイミングをおろそかにしがちです。したがって、試合中はもちろん、普段のゲーム形式の練習においても、バックサイドでのショットの精度の向上や適切なメンタル・コンディションの維持をしっかりと心がけてプレーに臨まなければならないのです。ゲームカウントという勝負所での強さが磨かれれば、試合全体の流れを自分に引き寄せ、勝利に近づくための大きな強みとなります。メンタル・トレーニングを実践するときにも、勝負所の局面をできるだけ多く設定してほしいと思います。

“楽しみ方を知る”ことがメンタル強化につながる

テニスプレーヤーにとってメンタルの強化は、テクニックやフィジカルのスキルアップと同じように、終わりというものがありません。レベルが上がれば新しいストレスや未知の局面との出会いが待っています。

世界のトップに君臨するナダル選手が、あるインタビューで普段どんなメンタル・トレーニングをしているかと問われ、こう答えていました。

「メンタルは大丈夫だよ。僕には希望があるから」

希望についての具体的な意味は語られませんでしたが、私は、彼の言う希望とは、自分がまだ知らないテニスの楽しさや達成したい目標ではないかと解釈しました。既に世界最高峰の能力を持ち、数々の栄冠を手にしてきたナダル選手ですら、テニスの奥深さを探求しているとも言えます。

テニスプレーヤーなら誰もがテニスの楽しさを知っているはず。それがいつしかテニスの怖さを知り、つらさや苦しみが楽しさをかき消すような先の見えない壁にぶつかってしまいます。試合に負けて悔しい、ミスショットをして恥ずかしい、失敗続きで情けない、こうした気持ちを抱え込んで悩む人もいることでしょう。しかし、一つの敗戦、ミスショット、失敗の経験を、自分が成長するために不可欠な糧だととらえれば、悔しさがやる気に、恥ずかしさが賢さに、情けなさが強さへと変換されていくはずです。その大きなカギとなるのが、**やはり“プレーを楽しむこと”という原点です。メンタル・トレーニングも、技術や体力向上の反復練習も、すべてはテニスの楽しみ方を広げるための手段。**より多くの楽しみ方を知り、身につけることで、プレーをもっと深く、いつまでもずっと楽しめるようになります。心・技・体・術のバランスのとれたプレースタイルの確立をめざして、エンジョイしながらテニスに取り組んでください。健闘を祈ります！

（プロフィール）

植田 実　Minoru Ueda

1957年福岡県北九州市出身。柳川商業高校では福井烈選手と組んで全国高校ダブルス2連覇。筑波大学では、全日本学生シングルベスト4。朝日生命では日本リーグで5年連続優勝。1989年にコーチ活動を開始。93～98年ジュニアナショナルチーム代表、92年デビスカップ日本チームコーチ、98年、06年のアジア大会日本代表監督。02年JOCスポーツ指導員としてスペイン（バルセロナ）留学。05年にびわこ成蹊スポーツ大学助教授就任、07年より同大学教授としてスポーツコーチング理論やスポーツ戦術論などの講義を行うほか、テニス部監督として選手指導にもあたっている。2004年のアテネ、2016年のリオオリンピックやフェドカップ、デビスカップなどの代表監督を歴任。（財）日本テニス協会強化本部アドバイザー、常務理事。著書に『スポーツ学のすすめ』（大修館書店）、『テニスのメンタルトレーニング』『テニス－トッププレーヤーへの道』（同／海野孝、山田幸雄共訳）がある。

POINT

1. すばやい判断と決断が要求される。
2. 断続的に行われる制限時間のないスポーツ。
3. 自己コントロールの能力が要求される。
4. プレーに影響を及ぼす外的条件が豊富なスポーツ。

1試合当たり平均で約900～1000回も打球に対する判断や決断を行うテニス。

コツ 01

心理面からみたテニスの特性を知る

テニスは心理状態がパフォーマンスを左右する

テニスは心理面（メンタル）の重要性が高いスポーツだ。体力強化や技術習得・向上のトレーニングを積んでも、試合でいつも自分の思いどおりにプレーができるわけではない。好・不調の波もあるし、心理面の緊張や動揺が、ショットの決断やラケット面の操作に影響を及ぼしたりする。

　テニスは時間的にも空間的にも微妙な調節を行って、ボールとラケット面を合わせることが要求されるスポーツといえる。ほんの少しラケット面の角度が変わるだけでネットにボールを引っかけたりベースラインをアウトしたりといった結果が生じるのだ。プレー中の筋肉は脳からの指令に従って、大変な作業を行っている。

　また、試合が長引いて身体が疲れたり、対戦相手と得点差が大きく開いたりすると、次のポイントに対する注意力が低下し、プレーのパフォーマンスに悪影響を与えてしまいやすい。したがって、試合を通して、自分の心理状態をできるだけコントロールできる能力を磨いておくことが大切だ。

打球に対する判断は
1試合で1000回近く

すばやい判断と決断が要求される

テニスは、相手の打球に対する判断、自打球の決断、その実行、次の相手打球の予測、といった一連の頭の働きが約1～2秒という短い時間の中で、すばやく行われるスポーツ。しかも、それを1試合当たり平均で約900～1000回も行わなければならないのだ。

試合時間に制限はない

断続的に行われる制限時間のないスポーツ

テニスには制限時間がなく、実際のプレーに使われる時間は試合全体の3分の1程度。残りはポイント間とコートチェンジに費やされるが、この時間が心に大きなストレスを与える。しかも、どちらかがマッチポイントを取るまではプレーは続けられるため、途中で結果を予想したり油断できない。

試合がはじまれば
1人だけ

自己コントロールの能力が要求される

テニスは個人競技であり、通常は他者からのコーチングや選手交代は認められていない。したがって、試合中にどんなに困難な場面に出会っても、自分自身で心理面をコントロールして乗り切らなければならない。ダブルスの場合は、逆に誤ったコミュニケーションのとり方がマイナス作用に働くこともある。

! プレーに影響を及ぼす外的条件が豊富なスポーツ

風、太陽、温度、騒音、サーフェス、応援、観衆、期待、大会や試合の質、対戦相手のレベルや特徴や言動、審判などの要因が、確実に試合に影響を及ぼす。プレッシャーがかかったり劣勢になったりすると、これらを言い訳に使いたくなる。外的条件に支配されないためには、どう受け止めるかが重要。

コツ02

試合に影響するメンタルの動きを知る

POINT

1. ミスや負けている状況に気持ちが落ちこんでしまう。
2. 天候やミスジャッジに心が動揺してしまう。
3. シード選手と対戦する前に試合をあきらめてしまう。

心理状態が動くことで、相手は二倍にも三倍にも大きくなってしまう。

試合で実力を発揮するためのメンタルとは

不安感や恐怖心、緊張しすぎ、苦手意識、あきらめ、油断といった心理的問題は、集中力や自信、決断力などに影響を及ぼし、誤った戦術を選択させたり、普段どおりの実力を発揮できなくなったりするので注意が必要だ。**過度の不安や緊張は筋肉の硬直をもたらし、プレー動作の滑らかさが奪われてしまうことにもつながる。**

精神面の弱いプレーヤーは、心理的問題がその場の状況と直接関係していると考えがちだが、実は、「その場の状況をどう受け止めるか」が、決定的な役割を果たしている。したがって、個々の問題克服のためには、まずは「ものの見方・考え方」を変えることが最初のステップとなる。

重要なゲームやポイントを迎えると緊張や不安が増して逃げ出したくなる選手がいる。これは当たり前のことで、自分がプレッシャーにどれだけ強くなっているかを試す絶好のチャンスだととらえよう。

ミスを引きずってしまう

ミスや負けている状況に気持ちが落ちこんでしまう

ダブルフォールトや凡ミスをすると、弱気になるが、テニスはエラーのゲーム。今のミスがどういうミスかをすばやく反省して原因を突き止め、次のプレーに情報として役立てることが大切だ。またゲームを連続して取られると、やる気がなくなることもある。だからといって努力することをやめてはいけない。

ジャッジミスに動揺してしまう

天候やミスジャッジに心が動揺してしまう

テニスでは強風など悪条件下のプレーでやりにくさを感じることもある。相手も同じ条件でプレーしている。どちらがより嫌がるかの戦いだと考えることが大切。またミスジャッジがあると、頭にくることもある。「なぜアウトなんだ！」と審判を敵視したり、やる気をなくすのはその後のプレーに良い影響を与えない。

シード選手と対戦する前に試合をあきらめてしまう

強いと評判の相手、苦手なタイプとの対戦は始めからやる気がしない、やる気がない、闘志がわかない、というのは精神力としては最低の状態。自分の力を試す絶好のチャンスを自ら放棄してはならない。自分が何のためにテニスをやっているのか、テニスができる喜びや挑戦する楽しさを思い出すことが大切。

●めんたるこぼれ話●

世界選手権で悪条件を味方にして銅

2005年8月9日の陸上男子400m障害決勝のレースが2時間半後に迫る頃、雨がたたきつけるように降りだした。このとき予選8位の為末選手は、「嵐になれば面白い」と思ったという。悪天候に全種目順延の情報が流れ、ウオーミングアップを中断する選手がいたが、為末選手はやめなかった。結局25分遅れのスタート、あわてる選手たちを尻目に為末選手には余裕があった。レースは為末選手がイメージしていた戦略通りに進めることができた。

コツ03

試合で勝てるメンタルスキルを身につける

POINT

1 自己認識・気づき～理想的な心理状態を作る。

2 目標設定～練習や試合でのやる気を高める。

3 リラクセーションとサイキングアップ～プレー中の脳の状態をコントロールする。

精神面をコントローするためのメンタルスキルを身につけるメンタルトレーニング。

トレーニングで習得すべきメンタルスキル

では、メンタルトレーニングはどのように取り組めばよいのだろうか？　ショットやフットワークなどの身体的な技術面では、まずはその技術を理解し、練習することで、それが習得できる。メンタルスキルも同じ。まずは理想的な心理状態と自分の現状を把握し、その違いを突き止め、これを縮めようと試行・修正を繰り返すことで理想に近づける。

精神面をコントローするためのメンタルスキルを身につけるメンタルトレーニングというものがあるとは知っていても、実際に取り組んでいる人は意外と少ない。やり方を知らなかったり、取り組んだ経験がある人でも、断片的な知識にとどまり、実にあいまいなやり方であったりする。

これでは、「練習ではうまいのに、試合になると普段の力が出せない人」のまま。次章からメンタルトレーニングの具体的な方法を紹介していくが、その前に、実力発揮のためのメンタルスキルの中身について理解しておこう。

自己認識・気づき
理想的な心理状態を作る

理想と自分の現状との違いを考え、試行・修正しながら理想に近づけていく。心理テストや練習日誌、試合の様子を撮影したVTRなどを活用して自分の心理的な特徴や修正課題を探るとともに、メンタル面の強い選手の試合での様子を見たりして、自分がめざすべき理想の姿をつかむことが大切。

目標設定
練習や試合でのやる気を高める

長期目標から中期目標、現実目標への段階的な目標を明確に設定。結果（勝敗、順位）だけでなく、プレー内容に関する具体的な目標も設定する。さらに、それを達成するためのトレーニングプランを作成し、達成予定期日の見通しも立てておく。定期的に自己評価を行い、時にはプランを修正する。

脳をコントロールし
パフォーマンスをあげる

リラクセーションとサイキングアップ
プレー中の脳の状態をコントロールする

過剰な覚醒（あせり、あがり、頭の中が真っ白）を和らげるのがリラクセーションであり、覚醒の不足（委縮、あきらめ、なげやり、自信過剰）を補うのがサイキングアップ（気持ちの盛り上げ、活性化）である。これらを利用して、リラックスしすぎでもなく、緊張しすぎでもない理想的な心理状態を作る。

! イメージトレーニングで試合に向けて準備する

試合前の心理的準備として、うまくプレーしている自分の姿をイメージする。イメージを通して、ショットの動作や基本的な攻撃パターン、実際に起こり得る困難な場面を事前にリハーサルしておくことで、うまくできるという予測や、問題点に対処する心構えが形成されるため、自信がつき、慌てずにプレーできる。

ゲーム中に
自分に対して語りかける

ポジティブシンキングとセルフトーク

同じ場面に出会っても、ある選手はプレッシャーを感じて委縮するが、別の選手はこれを挑戦の機会と受け止めて積極的なプレーをする。その場で起こったことを自分にとって不利益と受けとめる（マイナス思考）のではなく、有益だと受けとめる（プラス思考）ポジティブシンキングを定着させることで、どんなときでも、前向きな安定した気持ちで解決策を見出せるようになる。マイナスからプラスの思考転換法として役立つのが「セルフトーク（自分に対する語りかけ）」だ。

集中力をアップするために
ルーティーンを行う

コンセントレーション（集中力の向上）

集中力とは「適切な手がかりに注意を向ける能力、および、それを持続する能力」のこと。集中力を向上させる方策には、試合で集中力を妨げる条件やプレッシャーを練習場面に導入するモデルトレーニング（シミュレーショントレーニング、シチュエーショントレーニングとも呼ばれている）やイメージトレーニング、飛来するボールに対する声合わせ、ルーティーン（お決まりの習慣・手順）行動の決定・実行、数字探しドリルなどがある。

日頃の練習から
試合をイメージする

試合前の準備や試合中の調整、試合後の評価

試合で起こり得るさまざまな心理的問題の解決のためには、日常すべきこと、試合前にすべきこと、試合中にすべきこと、試合後にすべきことを、それぞれ分けて検討し、実行していかなければならない。日常的には、計画的、合理的な練習を通して自信を高めたり、ショットのチェックポイントを把握したりする。試合数日前からの準備では、当日の行動予定や基本的な戦術の作成、イメージトレーニング、リラクセーションなどで心身のコンディションを整えておく。試合中は、ポイント間のルーティーン行動やセルフトーク、声合わせなどを用いてプレーへの集中を保つようにする。そして試合後には、勝っても負けても結果を素直に受けとめると共に、自分のプレー内容を詳しく評価・記録して、今後の練習プランや試合に役立てることが大切だ。

PART 2

メンタルを５つのキーワードから把握する

テニスの試合において、持っているパフォーマンスを最大限発揮するために大切な要素が５つある。まずはメンタル自己チェックで試合での心理状態を把握し、弱点克服のプログラムに取り組もう。

コツ04
まずは試合時の心理状態をチェックする

POINT
1 メンタル自己チェックリストに記入する。
2 心理状態を５つのグループに分ける。
3 自分の弱点を把握し、改善する。

プレー中の心理状態を把握することで、自分の弱点が見えてくるはずだ。

自分の心理状態を認識することで能力がアップする

テニスの試合に特有なプレッシャーに対処するための最初のステップは、自分が不安になる出来事、不安がプレーに影響を及ぼす場面、そのときの自分の反応についてよく知っておくことが大切である。

その手助けとなるのが、ここで紹介する「メンタル自己チェックリスト」。全40項目は試合でのあらゆるシチュエーションを想定し、そのとき自分がどのように感じ、イメージするかで心理状態をチェックする。

その結果から試合時の心理状態で強い部分、弱い部分を把握し、以後のメンタルトレーニングに役立てていくというもの。

このテストは継続して行うことが望ましいので、チェックリストのコピーをたくさんとっておくこと。自己測定に正直に、また定期的に取り組んでいくことで、そのときの自分の心理状態や心理レベルを認識することができる。

各項目のグループ分けと測定結果

自信		
2,5,8,10,14,23,31,35	点	%
集中		
11,15,17,19,24,28,32,39	点	%
リラックス		
1,3,6,9,12,20,25,37	点	%
自己コントロール		
13,16,18,21,26,29,33,38	点	%
闘争心・勝利志向性		
4,7,22,27,30,34,36,40	点	%

※算出方法例
＜自信＞
2＝2点、5＝2点、8＝3点、10＝1点、14＝2点、23＝1点、31＝3点、35＝1点
合計15点　15÷32＝0.46875　×100　≒得点率47％

測定結果の出し方

全40項目については、それぞれを自分の心理状態に影響を与える5つの要素、「自信」「集中力」「リラックス」「自己コントロール」「闘争心・勝利志向性」にグループ分けすることができる。

その分類をもとに、回答欄から、「1　いつもある」については1点、「2　よくある」は2点、「少しある」は3点、「4　ほとんどない」は4点とカウントして集計し、各尺度32点満点における得点と得点率（％）を算出する。

得点率75％以上を問題なしと判断し、それ以下については数値が低いほどに、改善すべき度合いが大きいと判断できる。特に50％以下の場合には、プレー中のパフォーマンスに多大な悪影響を及ぼしていると考えられ、メンタルトレーニング実施の必要性がとりわけ高いと言える。

自分の弱点を把握した上で、メンタルトレーニングを導入すれば効率よく能力がアップする。

メンタル自己チェック

以下の項目の文章を読んで、そのようなことがどの程度あるか、回答欄の４点尺度から一つ数字を選び、○をつけよう。

❶ 試合前日、緊張でよく眠れない。
(1. いつもある、2. よくある、3. 少しある、4. ほとんどない)

❷ 試合前に自信が持てない。
(1. いつもある、2. よくある、3. 少しある、4. ほとんどない)

❸ 試合前、身体が硬くなったり手が震えたりするくらい緊張する。
(1. いつもある、2. よくある、3. 少しある、4. ほとんどない)

❹ 強そうな相手との対戦では、試合前から勝負を捨ててしまう。
(1. いつもある、2. よくある、3. 少しある、4. ほとんどない)

❺ よほど実力下位の相手以外には勝てる気がしない。
(1. いつもある、2. よくある、3. 少しある、4. ほとんどない)

❻ 重要な試合の前はとても緊張して逃げ出したくなる。
(1. いつもある、2. よくある、3. 少しある、4. ほとんどない)

❼ 相手が自分よりも実力下位のときは闘志がわかない。
(1. いつもある、2. よくある、3. 少しある、4. ほとんどない)

❽ 相手がものすごく強く見えてしまう。
(1. いつもある、2. よくある、3. 少しある、4. ほとんどない)

❾ 試合直前、もしくは試合中に頭の中が真っ白になってしまう。
(1. いつもある、2. よくある、3. 少しある、4. ほとんどない)

❿ いいショットが打てる気がしない。
(1. いつもある、2. よくある、3. 少しある、4. ほとんどない)

⓫ 風などの天候や太陽など自然環境が気になって集中できなくなる。
(1. いつもある、2. よくある、3. 少しある、4. ほとんどない)

⓬ 観客が多い試合では観客の目が恐くなる。
(1. いつもある、2. よくある、3. 少しある、4. ほとんどない)

⓭ ミスをするといつまでも引きずってしまう。
(1. いつもある、2. よくある、3. 少しある、4. ほとんどない)

⓮ 試合の序盤で相手にリードされると、落着きを失ってしまう。
(1. いつもある、2. よくある、3. 少しある、4. ほとんどない)

⓯ 試合中、対戦相手の言動が気になって集中できなくなる。
(1. いつもある、2. よくある、3. 少しある、4. ほとんどない)

⓰ 試合中、自分のミスによりイライラしてしまう。
(1. いつもある、2. よくある、3. 少しある、4. ほとんどない)

⓱ 試合中、テニス以外のことを考えてしまう。
(1. いつもある、2. よくある、3. 少しある、4. ほとんどない)

⓲ ダブルスの試合中、自分のパートナーのミスによりイライラしてしまう。
(1. いつもある、2. よくある、3. 少しある、4. ほとんどない)

⓳ 周りの人のことが気になってプレーに集中できなくなる。
(1. いつもある、2. よくある、3. 少しある、4. ほとんどない)

⑳ゲームポイントやセットポイントになると緊張する。
(1. いつもある、2. よくある、3. 少しある、4. ほとんどない)
㉑試合中、対戦相手の言動によりイライラしてしまう。
(1. いつもある、2. よくある、3. 少しある、4. ほとんどない)
㉒自分のミスが多くなると、試合の途中で勝負を捨ててしまう。
(1. いつもある、2. よくある、3. 少しある、4. ほとんどない)
㉓リードしていても追いつかれそうな気がする。
(1. いつもある、2. よくある、3. 少しある、4. ほとんどない)
㉔試合中、プレーに集中できない。
(1. いつもある、2. よくある、3. 少しある、4. ほとんどない)
㉕ダブルフォールトや凡ミスをすると、緊張が高まって弱気になる。
(1. いつもある、2. よくある、3. 少しある、4. ほとんどない)
㉖うまくプレーできない理由を風や太陽など自然環境のせいにしてしまう。
(1. いつもある、2. よくある、3. 少しある、4. ほとんどない)
㉗相手にリードされると、試合をあきらめてしまう。
(1. いつもある、2. よくある、3. 少しある、4. ほとんどない)
㉘1ポイントのラリーが長く続くと、途中で集中できなくなる。
(1. いつもある、2. よくある、3. 少しある、4. ほとんどない)
㉙相手のペースにはまると混乱してしまう。
(1. いつもある、2. よくある、3. 少しある、4. ほとんどない)
㉚苦しい場面になると、勝負を投げ出してしまう。
(1. いつもある、2. よくある、3. 少しある、4. ほとんどない)
㉛重要なポイントでミスをすると、やっぱりダメだと思ってしまう。
(1. いつもある、2. よくある、3. 少しある、4. ほとんどない)
㉜自分にとって不利な判定があると、プレーに集中できなくなる。
(1. いつもある、2. よくある、3. 少しある、4. ほとんどない)
㉝自分にとって不利な審判定があると、審判や相手に文句を言ってしまう。
(1. いつもある、2. よくある、3. 少しある、4. ほとんどない)
㉞ゲーム数は接戦になるが、なぜか勝ちきれない。
(1. いつもある、2. よくある、3. 少しある、4. ほとんどない)
㉟重要なポイントを迎えると、過去の失敗が頭に浮かぶ。
(1. いつもある、2. よくある、3. 少しある、4. ほとんどない)
㊱3ゲームもリードしてしまうと、つい油断してしまう。
(1. いつもある、2. よくある、3. 少しある、4. ほとんどない)
㊲試合中、緊張が高まってきてしまう。
(1. いつもある、2. よくある、3. 少しある、4. ほとんどない)
㊳試合中、コートにラケットを叩きつけたり、大声を上げたりする。
(1. いつもある、2. よくある、3. 少しある、4. ほとんどない)
㊴試合時間が長くなると、試合の途中で集中できなくなる。
(1. いつもある、2. よくある、3. 少しある、4. ほとんどない)
㊵負けてもあまり悔しくない。
(1. いつもある、2. よくある、3. 少しある、4. ほとんどない)

コツ05
「自信を持つ」ための考え方を身につける

日頃から自信を持ってプレーすることが大切。

POINT
1. 普段から計画的・合理的な練習をして自信を高める。
2. 次の１ポイントをとることに集中する。
3. 自分には悪いほうに考えるクセがあることに気づく。

マイナス思考のクセをなくそう

試合の勝敗の結果というのは、不確定要素が多いために、勝つことを求められると誰もが不安を感じる。しかし、勝つために努力することを求められたらどうだろう？努力することならできそうだと答えるのではないか？

また、強いと評判の選手や苦手なタイプの選手との対戦、もしくは自分の調子や環境条件の悪いときには、誰もが自信を持てなくなる。しかし、**試合はやってみなければ分からない。相手がミスをすることもある。**必ず勝てるチャンスが来ることを信じて頑張ってみることが大切だ。調子が悪いときには、悪いなりに自分ができることをして工夫してみよう。

試合中に自信がなくなりやすい人は、無意識に悪いことを想像するクセがある。先のことは誰にも分からない。どうせ分からないことを予想するなら、**良い方向の展開を予想して、「今度はできそうだ」「きっとやれる」といった前向きな考え方をする**クセをつけるように努力してみよう。

試合を想定した
練習メニューを取り入れる

普段から計画的・合理的な練習をして自信を高める

ミスをしたときに、自分なりのチェックポイントを普段の練習から身につけておくことも必要だ。計画的・合理的な練習を通して実力を身につけるとともに、自信も高めよう。練習を反省するときは、成功プレーに注目することが大切。良かったプレーに注目して、それをイメージとして定着させることができる。

1ポイントごとに集中する

次の1ポイントをとることに集中する

先のことを考えると、不安や心配など余計な考えが頭に浮かんできやすい。しかし、結果はついてくるものであって、試合中に心配していても仕方のないことである。ミスをすることを予想していると、ミスはますます増えてしまう。先の展開をむやみに予想せず、次のポイントに集中しよう。

ミスは引きずらない

自分には悪いほうに考えるクセがあることに気づく

ミスした直後のプレーは、ネガティブな思考になりやすい。コート上ではひとりで考え、判断してプレーしなければならず、「ひとつのポイント」「ひとつのミス」にとらわれてしまうと、次のプレーにも影響がでる。その結果、相手選手のショットに対しても過剰に警戒してしまい、フォームに狂いや迷いが生じる。

成功したプレーをイメージに定着させる

強い対戦相手に対して、勝つ自信がなくても構わない。勝つために努力する、または努力してきたという自信があればよい。ポイントの結果によって、ネガティブな思考にならず、ポジティブな思考をもつことが大切。予想するときは良いほうの展開を予想することで、チャンスは必ずやってくる。

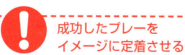

コツ06

「集中力を高める」ための考え方を身につける

ポイント間のブレイクを利用して、気持ちを落ち着かせる。

ポイントを失った後は、ネガティブな思考になりがち。

POINT

1. プレーに集中できないときはテニスを楽しむように心がける。
2. 考えるのなら言い訳でなく勝つための方法を考える。
3. 観衆の評価や周囲の目は好意的に受け止める。

「一度に1ポイントずつ」と集中してプレーする

実力差のある相手との対戦や、圧倒的にリードしたときや逆にリードされたとき、あるいは試合が長引いて疲れてきたときなどには、集中が途切れやすくなる。

そんなときは、**自分が「テニスを好きで楽しんでやっている」という原点に戻ることが大切だ。**プレー中にもかかわらず、前のポイントでのミスしたことを後悔したり、試合結果や勝敗を予想したりしていては、いま現在行っているプレーに集中できないのは当たり前といっていい。

ポイント間のブレイクを利用してリラックスし、再び集中し直す必要がある。一度に1ポイントずつ集中してプレーしてみよう。

また、対戦相手の言葉や環境条件に影響を受け、イライラして集中を欠いてしまうこともある。当然ながら、相手も同じ環境条件でプレーしている。どちらがより嫌がるか、テニスの試合はその戦いだとも言える。相手が嫌がる条件、それは自分にとってチャンスだと考えよう。

次ポイントにはリセットした状態で向かう

プレーに集中できないときはテニスを楽しむように心がける

試合中の苦しいときは、ついプレーのうまくいかない原因を外的な要因に求めてしまう。楽しんでプレーしているはずのテニスに、イライラしたり、弱気になったり、悲観したりすることは集中できていないといえる。ポイント間のブレイクを利用してリラックスし、集中し直すことも効果的な切り替え方法のひとつ。

常に相手と自分は同じ条件で戦っている

考えるのなら言い訳でなく勝つための方法を考える

「風が強くてショットが打てない」とか「審判が相手に有利な判定ばかりする」などと、思うようにプレーできないことを自分以外のものに求めようとする心理がある。真の競争は自分自身との戦いにある。どうせ考えるのなら負けたときの言い訳ではなく、勝つための作戦や方法を考える。

観衆の評価や周囲の目は好意的に受け止める

観衆の評価や周囲の目が気になって仕方がない人は、「多くの観衆の前でプレーできて自分は幸せだ」と考えて好意的に受け止めるようにしよう。「相手の応援が騒々しいのは、私が強いことを認めているからだ」というように思い、逆に自信を持つようにプレーしよう。

！ 日頃から試合を想定したモデルトレーニングを行う

日頃から練習を試合に近づけるモデルトレーニングをして、どんな条件でも集中力を維持して実力を発揮できるようにしておくことも大切だ。さらに、そこで成功している姿を思い浮かべるイメージトレーニングをすることも集中力の向上には役立つ。

コツ07

「緊張しすぎない」ための考え方を身につける

プレッシャーに対する不安や緊張は、挑戦に次ぐ、優れた反応だ。

POINT

1. 各ポイントの前に攻撃的なプランを持つ。
2. 緊張しているのは相手も同じ。積極的にプレーする。
3. ミスの後は、より積極的・挑戦的な気持ちでプレーする。

適度な緊張は実力発揮に必要なもの

試合前や試合中に、ビビッたり緊張したりすることを、「自分は精神的に弱い人間だから」と決めつけている人がいるが、本当はそうではない。アメリカのスポーツ心理学者ジム・レーヤー氏によれば、「不安や緊張はプレッシャー場面における反応の仕方としては、挑戦に次ぐ素晴らしい反応だ」と言われている。

あきらめや怒りが結果を求めていないのに対し、結果を求めているからこそ緊張するのだ。もう少しで「挑戦」の段階に行くことができる、前向きな状態だと考えてみよう。

ただし、緊張の度合いが高くなりすぎると、あがったり、力んだりして実力が十分に発揮できなくなる。また、逆に低すぎても、あきらめたり、油断したりしてしまう。このような緊張のしすぎはよくないが、適度な緊張があってこそ、最高の実力が発揮できることを理解し、その絶妙な心理状態に導けるようなメンタルトレーニングが必要となる。

各ポイントの前に攻撃的なプランを持つ

重要な場面では慎重にプレーすることも確かに大切だが、不安を回避するために慎重にプレーして相手のミスを待つだけでは、相手のプレーをしのぐことができない。したがって、ポイントごとに、ある程度は攻撃的なプランを持つようにしてのぞむべきである。

緊張しているのは相手も同じ 積極的にプレーする

試合中は、自分だけが緊張していると思うとつらくなるが、相手も緊張していることを忘れてはいけない。どちらが積極的なプレーをするか、それが試合のカギを握っている。特にゲームを左右するポイントでは、有利・不利に関係なく、心理状態に動きがあるのだ。

ミスの後は、より積極的・挑戦的な気持ちでプレーする

ミスをした後に、「同じボールが来ないでほしい」と考えている限りミスは連続してしまう。ミスをチェックポイントに沿ってすばやく反省した上で、「今度はやれる」「同じボールをよこせ」といった積極的な気持ちでプレーにのぞもう。そうすることで、前のミスを引きずることもなくなる。

プレッシャーのかかる場面でのモデルトレーニングを行う

日頃の練習では、何に注意したらしミスがなくなるのか、サーブのときのトスの位置や、スイングのリズムなど、ショットのチェックポイントを把握したり、プレッシャー場面を練習に導入したモデルトレーニングを行ったりしておくことも大切。そうすることで、試合中のミスに対してすばやく対応できるようになる。

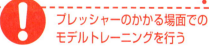

コツ08

「自己コントロール」する方法を身につける

POINT

1. ミスの内容を把握し、具体的な情報として役立てる。
2. 感情を表に出すような行為は慎む。
3. ミスから立ち直るためのチェックポイントを把握しておく。

ミスで頭に血が上れば、次に同じようなミスを引き起こす。

ミスや判定にこだわらず割り切ってプレーする

試合の途中で、自分のミスや相手のペースにはまって、自己コントロールを失ってしまうことがある。**そのとき大切なのは、同じミスを何度も繰り返さないようにすることだ。**

ミスしたことやポイントを失ったことで頭に来ても、さらにミスが増えるだけ。とにかく落ち着いて目の前の1ポイントに集中して、同じミスを犯さないことがベスト。

「インナーゲーム」という本の中で、著者のガルウェイ氏は、「真の競争は相手に勝つことではなく、さまざまな障害を克服すること」と述べている。相手の打球、風やコートなどの条件、自分の感情といった全ての障害を克服すること。

また、審判の判定によって集中力を欠き、その後のプレーでミスを連発してしまうこともある。済んだことは取り戻せないのに、いつまでもこだわっていても仕方がない。「きわどいところに打った自分が悪い」「1ポイントで試合は決まらない」とすばやく割り切ることが大切だ。

ミスしたら
何が原因なのか考える

ミスの内容を把握し、具体的な情報として役立てる

ショットをミスした際に、「ネットの上端から20cm 下だった」「バックラインを 50cm オーバーした」などと、どんなミスだったかを具体的に把握して、次のプレーの情報として役立てる必要がある。そのうえでミスショットを修正することが解決の近道だ。

感情を表に出すような行為は慎む

思いどおりにいかないときに、プロプレーヤーの真似をして、不満の感情を表に出したり、怒りを爆発させたりしてしまう人がいるが、これはやめたほうがいい。相手や審判、観衆に対するマナーとして、また、自分自身のプレーをよくするためにも自分勝手な行動は慎まなければならない。

素振りなどで
ミスをあらためる

ミスから立ち直るためのチェックポイントを把握しておく

練習時からミスした際のチェックポイントを把握しておく。たとえばサーブを打つときのトスの位置やスイングのリズムといった自分なりのショットのチェックポイントをつかんでおくことも必要。そうすれば、どんな局面でも落ち着きを維持して実力を発揮しやすくなる。

! セルフトークを積極的に取り入れる

日頃からミスや悪条件に対する受け止め方など、ものの見方を工夫する必要がある。これを思考転換法といい、気持ちの切り替え「セルフトーク」ともいう。セルフトークを積極的に取り組むことで、自己をコントロールして良好な心理状態でプレーすることができる。セルフトークの例はＰ 38 参照。

自分に語りかけて、
前向きに次プレーに備える

コツ09

「闘争心・勝利志向性」を身につける

POINT

1 相手に対する同情は禁物。手を抜くことは油断につながる。

2 意識低下したら「テニスが好きだ」ということを思い出す。

3 段階的・具体的な目標を立てて意欲を高める。

あきらめてしまうことは、最低の心理状態といえる。

あきらめない、逃げずに挑戦する

試合をする前からあきらめたり、やる気がなかったり、闘争心がなかったりというのは、精神力としては最低の心理状態だと認識しよう。

強い選手との対戦には、「自分には何も失うものがない」「自分の実力がどの程度なのかを知る絶好のチャンスだ」と考えることが大切だ。前向きにとらえることでチャンスは広がってくる。

試合には好不調の波があり、強豪選手も人間だからプレッシャーを感じるし、油断もするはず。我慢していれば必ず転換期はやってくる。1ポイントずつ集中してプレーすることを心がけよう。

また、接戦になると、プレッシャーから逃れるために、ゲームをあきらめてしまう人もいる。「ここまで頑張ったんだから…」という、思いがよぎっては勝てるゲームも失ってしまう。

苦しい場面に逃げずに乗り越えられるかどうか。そこに精神力の強さが本物かどうか問われることになる。強い精神力を持ち、常に逃げず、チャレンジする気持ちを持ち続けよう。

相手がどんな状況でも、
試合が終わるまでは
気を抜かない。

相手に対する同情は禁物 手を抜くことは油断につながる

相手が自分よりも実力が低そうだからといってなめてかかったり、試合中に油断をしたりするのは禁物。また、負けている相手に同情し、無意識のうちに手を抜いてしまう人もいる。そのような必要は全くなく、相手に対して失礼な行為であり、油断することが思わぬ落とし穴となる。

意識低下したら「テニスが好きだ」ということを思い出す

1日に何試合も行ったり、連続的に大会に参加していると、試合に対する意欲が低下してしまう選手もいる。そのようなときは、自分が「テニスを好きでやっている」という原点を思い出す必要がある。他人のためではなく、自分のためにテニスをプレーし、大いに楽しもう。

段階的・具体的な目標を立てて意欲を高める

ゲームへの闘争心や勝利志向性に乏しい選手は、テニスの価値観や目的達成の意欲を高めることが大切。当面の目標から将来の夢までを段階的・具体的に定めることで、今日の努力が大きな夢につながっているという達成感を得ることができる。目標の立て方については、コツ55で詳しく説明する。

●めんたるこぼれ話●

真の競争は「勝つために努力する」こと

「精神的に強くなる」には、まず「あきらめないこと」が大切。対戦相手の技能レベル、その日の環境条件や調子、展開、それらのすべてを受け入れたうえで、勝つための努力をすること。試合では自分の心の状態を整え、相手の繰り出す打球に対してポジションと配球を工夫していくことが大切だ。実際には勝つことが難しくなると、ゲームの途中で努力を放棄するプレーヤーが多い。真の競争は勝つことではなく、勝つために努力することにある。

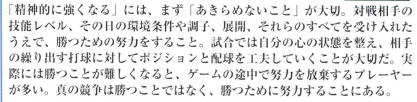

テニス・セルフトーク個人票（記入例）

氏名：

場面・状況	マイナスのセルフトーク	プラスのセルフトーク	試合中の活動
一回戦のとき	ここで負けたらどうしよう	大丈夫、ベストを尽くそう	胸を張って歩く
	なんて言われるだろう	結果はついてくるもの	
風が強いとき	嫌だな やりづらいな	相手も同じ条件、嫌がった方が負け	焦らずにゆっくり歩く
		風を味方にしよう	
相手のペースで試合が進んでいるとき	どうしたら良いだろう	ともかく1ポイントずつ粘り強くプレーしよう	深呼吸をする
	何をしてもダメな気がする		ポイント間はゆっくり
ミスが続いたとき	アー、またミスしてしまった	最後のポイントでミスしなければいい	声合わせをする（1、2、アー）
	どう打てばミスしないのか分からない	リラックスしてボールよく見よう	屈伸運動をする
一方的にリードされたとき	もう勝てないかもしれない	大丈夫、必ずチャンスはくる	顔をあげて空を見る
	挽回できそうもない	それまでくらいついていこう	胸を張って歩く ルーティーンを確実に行う
自分にとって不利なジャッジがあったとき	今のは入っていたはず	済んだことは受け入れて進むしかない	深呼吸をする
	こんな試合やっていられない	ともかく私がうまくプレーすれば勝てる	ポイント間はゆっくり

PART 3

日頃の練習でメンタルの弱点を改善する

練習でできないプレーが試合でできることはまずない。これは心理面においても同じ。日頃からメンタルにプレッシャーをかけ、試合と同様の心理状態で練習することで本番に強くなる。

コツ10 セルフトークを活用する

ポイントを失った後の対処法次第で、ポジティブに次ポイントへ向かうことができる。

POINT

1. セルフトークの内容をノートや日誌に書く。
2. マイナスのセルフトークが出やすい状況を知る。
3. マイナス思考を中断してプラスに転換する。

セルフトークを用いることで、プレーへの集中維持や注意の切り替えに使うことができる。

テニスの試合でのセルフトークの影響

「こんなミスをするなんて…バカ!」「風が強い日は苦手だなあ」「集中しろ」「ラッキー」といったセルフトーク（自分への語りかけ）を、多くの選手が試合中に行っている。

たとえ声には出さなくても、心の中でつぶやいているものだ。こうした何気ないセルフトークは、言葉の選び方ひとつで、心理面にプラスにもマイナスにも働く。それをメンタルスキルとして捉え、**適切なセルフトークをタイミングよく用いることで、現在のプレーへの集中維持や注意の切り替えに使うことができる。**その結果、リラクセーションやサイキングアップにつなげ、試合でのパフォーマンス発揮にも結びつけていく。

これを「気持ちの切り替えセルフトーク」と呼ぶ。試合中だけでなく、普段の練習時や自宅にいるときなどにも気持ちの切り替えセルフトークのトレーニングを積極的に行うようにしよう。そうすることで、自分のメンタルを常に最適な状態にコントロールできるようになる。

セルフトークの内容をノートや日誌に書く

毎日の練習や試合で、どんな状況で、どんなマイナスのセルフトークを発しているかをノートや日誌に書き出す。さらに、プラスのセルフトークに置き換えることが大切だ。その結果、気づく能力が高まり、同じ場面に出会ったときの認知の仕方が改善されていく。P 38 テニスセルフトーク個人票を参照。

ミスした後は誰もが
ネガティブになりがち

マイナスのセルフトークが出やすい状況を知る

マイナスのセルフトークが出やすい状況は以下の通り。「重要なポイントを失ったとき」「リードしていたのに逆転されたとき」「ダブルフォールトをしたとき」「サービスゲームをブレークされたとき」「チャンスボールをミスしたとき」「悪天候や苦手な条件のとき」「自分と審判のジャッジが異なったとき」など。

ミスを引きずると、
さらにミスが連鎖する

マイナス思考を中断してプラスに転換する

マイナスのセルフトークをしていることに気づいたら、ただちにその語りかけや考えをストップする。太ももを軽くたたく、声を出す、指を慣らすなどの合図を利用するとよい。そして、プラスのセルフトークを発して気持ちを切り替えるか、あるいはプレーに集中する手がかりに注意を切り替える。

セルフトークの種類

・気持ちの切り替えセルフトーク～心理的な問題を生じやすい場面や状況に出合ったときに、その場面や状況に対する見方を変えることで、マイナス思考からプラス思考に転換するために利用する。「ひとつのミスジャッジで試合は決まらない」「風は両方に吹いている」「必ずチャンスは来る」など。
・教示的セルフトーク～特定の動作やプレーを引き出したり、意欲を起こさせたりする。「ボールをしっかり見て」「肩の力を抜いて」「足を動かして」など。
・自己暗示的セルフトーク～良好な心理状態に導くために、現在形で肯定的な文を用いる。「リラックスしている」「動きがとても滑らかだ」など。

コツ11 日頃からミスショットのチェックポイントとリズムを意識する

POINT

1. 日頃の練習からチェックポイントを考えて分析麻痺に陥らない。
2. 自分のチェックポイントを練習時からみつけておく。
3. 日常生活からイメージトレーニングを導入する。

日頃の練習でミスショットをしたら、必ずその原因を探る。

ミスショットの原因を探り、具体的な修正点を探す

テニスの試合では、サービスエースやスマッシュ、パッシングショットといった攻撃的なショットでポイントが決まることもあるが、それ以上に多いのがミスショットをしてポイントを相手に与えてしまうケースである。この特性を考えると、**試合で勝つためにはショットのミスをどれだけ減らせるかが大きなカギを握っていると言える。**

ある程度のミスは仕方がないとして、大切なのは同じようなミスを繰り返さないようにすることだ。ミスが重なると不安やプレッシャーもどんどん増してしまう。したがって、日頃の練習では各ショットの攻撃力を高めたりバリエーションを増やしたりするだけでなく、**ミスショットをしたときに、それがどんな理由で起きたのかを把握しておくことがとても大切だ。**

「ラインをオーバーするときはスイングでラケットが下から出る」「ネットになるときは打ち急いでいる」など、各ショットの具体的なチェックポイントを見つけておこう。

ミスした後は原因を確認する

日頃の練習からチェックポイントを考えて分析麻痺に陥らない

練習ではミスに対して寛大なのに、試合のときのミスに対してのみ「なぜミスしたか」という原因を探すやり方はよくない。試合中に考えても混乱（分析麻痺）するだけであり、回答は見いだせない。日頃の練習でチェックポイントを考えておき、試合ではそのチェックポイントに割り切って従う。

素振りなどでミスをあらためる

自分のチェックポイントを練習時からみつけておく

チェックポイントは人によって違うが、例えばサーブについては「リラックスしてトスを上げよう」、レシーブでは「あらかじめ足を動かして反応しよう」、バランスは 「軸を安定させてボールをよく見よう」「左手（非利き手）をうまく使おう」、反応では 「右か左に肩のターンを心がけよう」などがあげられる。

自分のプレーを客観的に見る

日常生活からイメージトレーニングを導入する

日常生活でのイメージトレーニング導入も効果的。このとき実際のプレー時間でイメージを想起することがポイントだ。例えばサービスを打つときには、方向の確認やボールのバウンドといったルーティーン動作を含んで 10 秒かかるのなら、サーブのイメージトレーニングをするときにも同じ 10 秒で行うこと。

！ 時間を計測してイメージトレーニングに生かす

イメージトレーニングに慣れないうちは、ほとんどの選手が実際の時間よりも早くイメージしてしまう傾向にある。なるべく正確な時間を知るためには、誰かにストップウォッチで計測してもらうといい。サーブ、リターン、グラウンドストローク、1 ポイントのプレーやポイント間にかかる時間などを記録する。

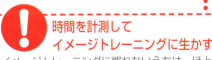

コツ12

ショット直前にプランを変えない

POINT

1. 苦手意識を持たず無心で打つ。
2. ショットを打つ構えに入ったらボールを注視する。
3. ドロップショットの成功は選択のタイミングがカギ。

どんな場面でも自分の決断を信じて、ベストを尽くしてそのショットを打つ。

ショットの変更はミスの原因になりやすい

テニスは、ほとんどの場合、1秒以内にどんなショットを打つのかを決断しなければならないゲームである。

多くの選手は、ひとつのショットに対して2～3の選択肢が浮かび、その中から決断を下すのだが、打つ直前に自分のショットのタイプなり狙いを変えてしまい、ヒットする際のタイミングやラケット面の角度、フットワークの調整といった準備が間に合わずに、ミスにつながるケースが多い。

そしてそれがさらなる迷いを誘い、プレッシャーを増大させてしまうことにもなる。これを防ぐためには、日頃の練習から、**一度ショットの決断を下したら、ボールだけに集中し、そのショットを打つことだけに専念しなければならない。**たとえ相手にショットの意図が読まれたとしても、そのショットを正しく打つことができれば、直接ポイントとならなくても、その後のプレーに良い流れをつくることになるはずだ。

苦手なショットでも
必要以上に意識しない

苦手意識を持たず無心で打つ

ショットを打つと決めたなら、フォアハンドでもバックハンドでも無心でボールを打つことが大切。仮にバックハンドに少しでも苦手意識があれば、身体はかたくなり、ミスショットの要因になってしまう。苦手意識をなくすためには練習しかないが、うまく打てた練習をイメージするだけでも効果的。

インパクト時は
ボールに集中する

ショットを打つ構えに入ったらボールを注視する

一度打つコースを決めたにもかかわらず、相手の動きに惑わされてしまうことがある。インパクト直前のラケット操作は、ミスの原因のひとつ。打つ時に集中すべきは、ボールを正しくとらえることで、相手の逆をつくことではない。自分のショットを信じて、正しいスイングを心がける。

ドロップショットの成功は選択のタイミングがカギ

相手を惑わすドロップショット。一見、ショットの寸前に打ち方を変えているように見える。しかしプレーヤーの頭のなかではボールを打つ体勢に入る前から、ドロップショットの選択はできている。技術的にも難しいショットであるが、ミスなく打てるようになるには、ショット選択のタイミングがカギ。

●めんたるこぼれ話●

プレースタイルの確立

素質は抜群だが勝てない選手がいた。彼はサーブが速い、ネットプレーのリーチも広い。ところが、グラウンドストロークのつなぎに安定感がない。それなのに、他のプレーヤーと同じようベースラインで打ち合おうとして、自分の欠点ばかりをみていた。ある日、彼と話し合った。「2ポイントミスして1ポイント相手に決められたとしても、その間に3ポイントは得点できそうだ。デュースは負けではないから、それから勝ちにいこう」。ミスできる安心感のもとに攻撃する。その後、彼はネットラッシュ中心のプレースタイルを確立し、全日本学生（インカレ）ベスト4に勝ち進んだ。

コツ13

ルーティーンの動作を取り入れる

POINT

1 自分にあったルーティーンをプレー前に行うクセをつける。

2 良いプレーからルーティーンづくりのヒントを得る。

3 ミスは切り替えてルーティーンに入る。

ルーティーンの行動を日頃の練習から確立しておくことが大切だ。

ルーティーン＝いつも実行する、お決まりの準備動作

試合中に気を散らすことなく集中を維持し続けるための方法として有効なのが、ルーティーン、つまり、いつも実行する「お決まりの手順」を確立することである。スポーツの種目は違うが、メジャーリーグで活躍するイチロー選手は、バッターボックスに入る前からの歩数や時間、ピッチャーが投げる直前までの構えなど一連の動作においてルーティーンを設けている。

テニスにおいてルーティーンを実行するのに最適な時間は、プレーが中断しているときであり、サーブおよびサービスリターンを行う前のルーティーン行動を日頃の練習で確立しておくことが大切だ。

自分なりのルーティーンの開発・確立に役立つのが、自分の良いプレーを撮影したビデオを観察すること。自分のクセを見出し、一連の行為の心理的意味を理解した上で案をつくる。そしてそれを練習において何度も繰り返し、それぞれの要素を修正・洗練させ、微調整を行っていこう。

自分にあったルーティーンをプレー前に行うクセをつける

ルーティーンといっても種類はさまざま。視線や姿勢の置き方、ボールをつく位置や回数、深呼吸の数、イメージを想起したり、セルフトークをするなど、自分が心地良い感じを得るための独自のルーティーン（儀式的行為、準備動作）を見つけること。ルーティーン後にプレーを開始するクセをつける。

良いプレーからルーティーンづくりのヒントを得る

自分の良いプレーをビデオで撮影し、そのときの自分のクセを見つける。それをルーティーンに取り入れる。ルーティーンを行うときは得失点に関係なく、落ち着いて堂々とした態度と積極的な姿勢を維持することが大切。外面的な態度や表情のコントロールが内面のコントロールにつながる。

ミスは切り替えてルーティーンに入る

ポイント間のルーティーン行動を決め、練習から何度も繰り返して身につける。ゆっくり動いたり深呼吸したりして、自分が今何をしているかが分かるように冷静さを維持する。ミスをしたり、済んだポイントのことは簡単に反省し、気持ちを切り替えてからプレーに入ることが大切だ。

！ サービスとレシーブそれぞれにルーティーンを行う

ルーティーンを行うタイミングとしては、サービスとレシーブのそれぞれ前にあると考える。サーブやレシーブの位置に近づき、次のポイントの簡単なプラン（サーブやレシーブの狙いと次のポジション）を描くことからスタートし、自分で決めたらルーティーン動作に入るようにしよう。

軽く深呼吸して、息を吐いてリラックスする。

立つ位置を決めて相手コートのサービスエリアを見る。

コツ14

ルーティーンでサービスの確率を上げる

サーブのルーティーン

試合中のポイント間でのルーティーンの実施は、不安や緊張を低減し、特にサーブの重要な局面に注意を向け集中を維持するのに役立つ。

立つ位置と両足の位置を決める

自分のサーブのタイプに基づいて最適なポジションを決定し、それを維持する。サーブ動作は身体の回転や体重の移動に関係するため、両足の間隔とつま先の向きには注意しよう。

サーブのタイプと狙いを決める

試合中のポイント間でのルーティーンに入る前に、以下の項目について自問してみる。「自分の最高のサーブは？」「最近練習で取り組んでいるサーブは？」「相手が予期しているサーブは？」「最も確率が高いサーブは？」「相手はフォアハンドとバックハンドのどちらでミスが多いか？」など考えることが多すぎると思うかもしれないが、いくつかは試合や練習の前に考えておくことができる。また、経験が豊富になれば短時間にこれらの

ボールをつくなどで再度リラックスする。
理想のサービスを頭のなかでイメージする
トスをあげてインパクトに集中する

情報を全て分析できるようになるはずだ。

グリップを調整し、ボールを用意する

サーブのタイプを決定したら、グリップ（握り方）をそれに応じて調整して、ボールを持つ。

呼吸を1～3回する

深呼吸は筋肉をリラックスさせることに役立つだけでなく、サーブをする前の気持ちを落ち着かせることにもなる。

リズミカルにボールをつく

何回つくかは自由だが、自分にとって一番しっくりくる回数にするといい。その後、サーブ動作を始める前に、もう一度深呼吸をしてリラックスしよう。

理想のサーブをイメージする

これから打とうとするサーブを狙いどおりに打っている自分の姿をイメージする。打てるという自信を与え、脳から筋肉に信号を送る。

トスに集中してサーブをする

トスはサーブを成功させるための大切な要素。トスしたいポイントを選び、その地点に注意を集中する。リラックスしたバックスイングを感じることも必要。ファーストサーブをフォールトしたときは、セカンドサーブでも実行する。

コツ15

ルーティーンでレシーブの精度を上げる

深呼吸をして、相手サービスに備える。

レシーブのタイプと狙いを決めてコートに立つ。

理想的なレシーブをイメージする

レシーブ（サーブリターン）は、相手サーブに対して瞬時にしかも正確に反応しなければならないショットで、予測能力が重要とされる。

レシーブを安定させるためには、心構えや心理的準備としてのルーティーン行動をあらかじめ決定し、日頃の練習を積んでおくことが必要だ。以下の項目を参考に、自分なりのルーティーンを確立しよう。

レシーブのタイプと狙いを決める

ダウンザラインかクロスかセンターか、深くか浅くか、など、どんなレシーブをするのかを前もって決めておく。このとき、右に来たら（フォアなら）、左に来たら（バックなら）こうレシーブするといった決め方がよい。相手サーバーがサーブ動作を起こしているときに、まだどのようなレシーブをするか迷っているようでは、適切なショットは打てない。特にリターンしやすいセカンドサーブに対するミスはなくすように狙いをしっかり決めておこう。

理想のレシーブを頭のなかでイメージする。

相手サーバーの動作を注視し、ステップを刻む。

打球後のボールをよく見て直ちに反応する。

深呼吸をして、構えの位置に立つ

レシーブのタイプと狙いを決定したら、リラックスするために1～3回深呼吸をして、構えの位置につく。このとき、身体的にも心理的にも準備ができていることを確かめておくことが大切だ。なお、構えの位置は相手の特徴を把握したうえで、ファーストサーブに対しての位置とセカンドサーブに対しての位置を区別するようにする。

理想的なレシーブをイメージする

完璧なレシーブを打っている自分の姿を思い描くようにする。

サーバーの動作とボールトスに集中する

全ての注意を相手サーバーの動作とボールに集中させる。トスの高さや方向など、サービスのタイプと狙いについての手がかりを探してみよう。注意深く観察していると予測が可能となる。

キーワードを用いる

サーブされたボールに反応する際、反応や動作を引きだすのに役立つキーワード――「前へ」「右へ」「左へ」などを用いてみよう。例えば「前へ」という言葉は、つま先に体重を乗せて準備する動作や、踏み込んで打つ動作を引き出してくれるはずだ。さらに、足を小刻みに動かしたり、相手サーバーのトスに合わせてスプリットステップを踏む。

コツ16

試合前から「相手」「コート」「環境」に慣れておく

POINT

1 苦手意識を持つ選手との試合形式の練習を積極的に行う。

2 悪条件から受ける影響をチェックする。

3 悪天候や悪条件の種類を知っておく。

対戦中のプレー内容と自分の態度を観察・分析することで次の試合に生かす。

苦手タイプには経験と分析を重ねて準備する

試合での緊張や自信不足、あきらめなどを引き起こす大きな要因となるのが、対戦相手に感じる「苦手意識」だ。それを取り除くためには、日頃から自分が苦手だと感じるタイプの選手と試合形式の練習を重ねていくことが大切だ。

ただプレーをするだけでなく、相手の特徴（ボールの性質や攻撃パターンなど）に対して、ペースを乱されたりポイントを失ったりするのか、また、試合中の展開（リードをする、もしくはされている、ゲームポイントの場面など）で、苦手意識を持ちやすいかもチェックしておこう。

より具体的に分析するためには、試合や対戦の様子をビデオで撮影し、プレー内容を観察してみるといい。**このときポイント間やチェンジコートのブレイクタイムでの自分の行動にも注目し、悪いと思った点をノートなどに書き出す。**

苦手タイプの選手の攻略法が分らないときは、他選手との対戦でどんな負け方をするかを観察するのもひとつ。試合会場で学ぶべきことは多い。

抗議が多い選手には
ペースを乱される

苦手意識を持つ選手との試合形式の練習を積極的に行う

苦手意識を持ちやすいのは、左利きや長身の選手、ハードヒッター、ネットにつめる回数が多い、スライスを多用する選手、気迫を前面に出す選手、シード上位の選手、ペースを遅くする選手、ラインコールに抗議をしてくる選手などが考えられる。このようなタイプと試合形式の練習を行うことで、苦手意識を克服しよう。

気象条件によって
プレーにムラが出る

悪条件から受ける影響をチェックする

屋外で行われることが多いテニスは、悪天候や悪条件からの影響を受けやすい。これらに過敏に反応していては、試合前の緊張や不安が増し、試合中にも集中が維持できずに実力を発揮することができない。これに対処する最も良い方法のひとつは、前もって悪条件に対して準備をしておくことだ。

その日の天気によって
条件は変わる

悪天候や悪条件の種類を知っておく

悪天候の場合、強い追い風や向かい風、横風、暑い日、寒い日、湿度が高い、太陽がまぶしい、小雨などが考えられる。コートの悪条件では、凸凹や亀裂、段差があるサーフェスのコート、隣のコートとの間隔が狭い、砂ぼこりが舞う、バックラインの後ろのスペースが狭いなどのコートがある。

! 悪天候の日や悪条件のコートを選んで練習する

自分の集中力を乱しがちなことを避けるのではなく、むしろそれらを練習場面に取り入れる。悪条件が自分のプレーに対して具体的にどんな悪影響を及ぼすのかをチェックして、その対処方法についても考えておくことも大切だ。サーフェスの悪条件については、貸しコートに遠征してプレーすることも効果大。

コツ **17**

練習の前後にイメージトレーニングを行う

POINT

1. リラックス状態をつくり3～5分程度にとどめる。
2. すべての感覚を動員し実戦をイメージする。
3. セルフトークを利用して成功プレーをイメージする。

イメージトレーニングは「リラックスしている」「調子が良い」「自信が湧いてきた」など自己暗示するセルフトークを組み合わせると効果的。

3～5分間の「イメトレタイム」を設けよう

練習前に行うイメージトレーニングは、テニスに気持ちを向けさせ、効率よくプレーするための心身両方のウォーミングアップに役立つ。

イメージを通してプレー状況を事前にリハーサルしておくことで、脳から筋肉への刺激の伝達が強化され、プレー中の反応速度の向上が期待でき、うまくできるという予測や問題点に対処する心構えが形成され、競技への心理的準備が整う。

イメージトレーニングは規則正しく行う必要があるため、毎回3～5分間の「イメトレタイム」を設けよう。練習前の実施方法としては、これから行うトレーニング内容やドリルの中でいろいろなストロークを打っている姿をイメージする。

このとき、自分が理想とするショット（動作とボールの行方）を強くイメージすることが最大のポイント。また、練習後にも、同じように5分間のイメトレタイムを設け、練習で行ったショットや戦術を振り返るようにすること。やり終えたばかりなので明瞭なイメージが描けるだろう。

目をつぶって
イメージトレーニングを
はじめる

リラックス状態をつくり 3～5分程度にとどめる

最初からしばらくの間は、静かな心地良い環境で行う。慣れてきたら、今度は気を散らす材料がある環境でも行えるようにする。リラックス状態をつくり、3～5分程度にとどめる。練習前は、技術、戦術、展開のリハーサルとして用い、練習後は成功の強化、失敗の改善にイメージトレーニングを用いる。

自分がプレーしている姿を
イメージする

すべての感覚を動員し 実戦をイメージする

トレーニング中は、視覚・聴覚・運動感覚・感情などすべての感覚を用いること。失敗例をイメージしてもよいが、最終的には試合で成功している姿をイメージする。より詳しくイメージするために、スロースピードで描いても良いが、最終的には実際と同じスピードで動作をイメージする。

セルフトークで
さらに成功プレーをイメージ

セルフトークを利用して 成功プレーをイメージする

自分の目から見た映像として、連続的なプレー（ショットコンビネーション）についても、いくつかのパターンを設定してイメージする。成功プレーのイメージを描く手がかりとして、セルフトーク（ひとりごと）を利用する。動作がぎこちない場合には「スムーズに」、足が動かい場合は「前へ」、「すばやく」といった言葉が役立つ。

●めんたるこぼれ話●

「熟練者のコート上での独り練習」

テニスの学生チャンピオンが、誰もいないコートでサーブ練習を始めた。しかし、彼女の練習の仕方は、サーブを打った後に一歩下がって構えるのである。どうやら相手のリターン（レシーブ）をイメージしながらサーブ練習をしているようだ。そのうちトスしたボールを打ちながら、コート上を移動しだした。連続的なプレーをイメージしながらの練習である。さすがはチャンピオンの練習だと感心した。

コツ18

ボールを注視して集中力をアップする

POINT

1 ボールの縫い目を見ることで集中力をアップする。

2 練習段階からボールの弾道を注視する。

3 ボールの弾道にも注意を向ける。

集中力を増してボールをしっかり見れば、大きくゆっくり動いているように見えることもある。

未来や過去にとらわれず心を現在にとどめる

テニスの試合中にコーチなどからかけられる言葉として「余計なことを考えず、目の前の1ポイントをとることだけに集中してプレーしろ」がよくあるが、実際には周囲からの情報や刺激が入りやすい性質があるため、なかなか難しい。

特に、ポイントとポイントとの間は、直前のプレーでの成功の喜び、失敗への後悔や怒り、ここまでのゲーム状況、これからのゲーム展開や結果への不安など、心が未来や過去の出来事にとらわれる傾向があるのでやっかいだ。

しかし、一流のプレーヤーの多くは、心を現在にとどめる方法を知り、それを実行している。

精神力の強さを養うための第一歩は、心を現在にとどめる集中状態を意識的につくるトレーニングだ。普段の練習のどんなメニューにおいても、次のポイントを新たなポイントとして、1ポイントずつプレーすることを心がけ、自分が取り組むべきプレーの戦術とカラダの反応だけに集中しよう。

インパクトでは
ボールに集中する

ボールの縫い目を見ることで集中力をアップする

試合が長引いたりすると、疲労によってボールを注視することは難しくなる。しかし、こうしたときに、ボールの縫い目のパターンを見極めようと意識すると、相手のラケットを離れた瞬間から、ボールをしっかり見るようになり、ボールが大きくゆっくり動いているように見える。

練習段階からボールの弾道を注視する

ボールの縫い目を見極めることに注意が集中するため、余計なことを考えないようにもなる。ただし、試合で縫い目に集中し続けられるようになるには練習を重ねることが不可欠。練習段階から漫然とプレーするのではなく、ボールに集中することで、その意識が試合で生かされる。

相手の返球の弾道に注視する

ボールの弾道にも注意を向ける

練習ではボールの縫い目を注視するだけでなく、自分と相手との間を行き来するボールの弾道に注意を向ける。なぜならネットを越える際のボールの高さ、スピード、ヒットする瞬間の打点に注意を向けると、ラリー中の交互のショットのリズムを把握したり、よりプレーに集中することが可能になるからだ。

●めんたるこぼれ話●

ボールを見ていると相手が見えない！

ジュニア選手の素朴な疑問は、「ボールをよく見ようとすると、相手の前衛の動きが見えない」ということだった。確かにボールに集中するあまり、相手の動きを見逃してしまうこともあるだろう。しかし視野には広さがあり、周辺視を使えるため注意の選択性と配分によってボールと相手選手の動きを見ることはできる。自分の打つコースと種類を決意した後は、ボールを注視して実行することだ。

コツ19

自分に不利なジャッジのもとで練習試合を行う

POINT

1. 気持ちを切り替えるセルフトークを知る。
2. 日頃の練習からセルフトークを用いる。
3. 騒音は自分の味方だと割り切る。

審判や相手に意図的なミスジャッジを頼んでから練習試合を行う。

判定に対してマイナス思考を持たないクセをつける

どんなレベルの試合でも、審判や相手選手の判定と自分の判定が異なるケースは起こりうるものだ。自分が自信を持って見切った相手のショットや、ダウンザラインを狙った会心のショットであれば、その反対のジャッジをされた場合のショックはさらに大きく、その後のゲームの流れを左右することにもなりかねない。

しかし、本当にミスジャッジかどうかは誰にも分からない。**大切なのは、自分に不利だったジャッジを引きずって、自信をなくしたり、怒ったりしないで、次のプレーに対して気持ちを切り替えることである。**

そのために日頃の練習で、審判や相手にわざと相手側に有利な（自分に不利な）ジャッジをするように頼んでおくモデルトレーニングが役立つ。

実際に不利なコールをされると不満を感じたり集中が保てなくなったりするはず。気持ちを切り替えるセルフトークを用いながら、マイナス思考や怒りの感情を抑える訓練を練習から重ねよう。

気持ちを切り替える セルフトークを知る

自分に不利なジャッジをされた場合に活用するセルフトークは、「きわどいところに打った自分が悪い」「1 ポイントでは試合は決まらない」「自分に有利なジャッジをされるときもある」「ミスジャッジかどうかは自分が決めるものではない」「きわどいボールは必ず返球する」など。積極的に取り入れよう。

日頃の練習から セルフトークを用いる

試合本番でプラス思考が働くように、日頃の練習で、チームメイトに協力してもらい、自分へのヤジや相手への声援の中でプレーするモデルトレーニングを取り入れておこう。「応援が騒々しいのは強いことを認めている証拠」「騒音は相手にも聞こえている」といったセルフトークを用いることも大切。

騒音は自分の 味方だと割り切る

市街地にあるコートや観衆の多い会場での試合では、コート外からの騒音や観客席からのヤジ、相手選手への声援にペースを乱されてしまうことがある。こうした自分ではコントロールできない外的状況に対しては、逆のとらえ方をして自分の味方と考えることが大切だ。

紳士のスポーツ？

テニスは紳士のスポーツとして、マナーを重んじるスポーツである。ヤジや騒音はマナー上いけないとされており、応援は拍手のみ、プレー中は観客の移動すら禁止となっている。しかし、近年の国別対抗戦や、学校対抗戦においては応援と選手とが一体となって試合を盛り上げるようになった。結局は自分のコントロールできる範囲を超えており、観客や味方の応援をプレッシャーにすることなく好意的に受け止めることを学ぶ必要があろう。

コツ 20

緊張してしまう人に見られながら練習する

POINT

1 意識しないように努めるのではなく、テニスの楽しさやプレーできる喜びを抱く。

緊張しやすい人を呼ぶか、代役を見立てて試合形式の練習をする。

!「心理テスト」を利用してみよう！

スポーツ選手の心理的競技能力や競技意欲、あるいは心理的コンディショニングについて診断する。

○心理的競技能力診断検査（DIPCA） 株式会社トーヨーフィジカル
○体協競技意欲検査（ＴＳＭＩ） 竹井機器工業株式会社
○心理的コンディション診断検査（ＰＣＩ） 竹井機器工業株式会社

人からのプレッシャーを喜びに変える

公式戦などで観衆が多い試合や、試合への出場選手枠を争うライバル、指導を受けている監督やコーチがコートの周辺にいる試合で、評価や視線に対して緊張しすぎたり、気負いすぎたりして、普段の実力が発揮できなくなるケースがある。

こうした特定の外的条件に対しても、日頃の練習や行動においてのモデルトレーニングを重ねておくことが必要だ。実際に特定の本人がいなくてもチームメイトや知人を代役として見立てたり、観衆の多い試合会場に出向いて自分がそこでプレーしていることをイメージしてみる。過去の試合で経験した緊張やプレッシャーを思い出しながら、どう対処すればいいのかを見つけていこう。

具体的な対処方法としては、「意識しないように」するのではなく、むしろ受け入れたうえで、「こんなに多くの観衆の前でプレーできて幸せだ」「あの人がいるから私はこうして意欲的にプレーできる」といったセルフトークを積極的に用いて、ポジティブ思考を実施することが大切だ。

コツ21

すべてのゲームを30－30から始める

POINT
1 それまでの展開を想定してから行う。

ポイントを取っても取られても冷静な態度を崩さずにプレーを続ける。

プレッシャーのかかりやすいゲームカウントで練習する

試合中には、緊張やプレッシャーが高まりやすいポイントカウントがいくつかある。そのひとつが30－30の状況だ。次のポイントを奪って40－30にしたい、逆に奪われて30－40とされたくない、という気持ちが強くなることで、結果的に次の1ポイントへの集中が薄れてしまいやすい。

こうした不要な期待感や不安感を試合中に抱かないようにするために、日頃の練習で、サーブ、レシーブに関わらず全てのゲームを30－30から始めるモデルトレーニングに取り組んでおこう。

ただ行うのではなく、0－30から挽回して追いついた、逆に30－0から追いついた、ポイントを交互に取り合ってきた、といった具体的な展開をイメージしてからのぞむことが大切だ。

どんな展開においても、次のポイントを新たな1ポイントとして、自分なりのルーティーン行動を行ってからプレーに入るようにに心がけよう。次ページの「攻撃性―安定性の傾向調査」で自分の心理傾向を見てみよう。

「攻撃性─安定性の傾向調査」

プレッシャー状況におけるあなたの攻撃的傾向についてチェックしてみましょう。
a～dのうちのひとつに丸をつけてください。

1．試合で勝敗を競うことについて，あなたはどのように思っていますか？
　a．プレッシャーを通して私は成長している
　b．私は試合をすることが好きだ
　c．試合ではどうもナーバスになる
　d．練習が好きだが、試合は好きでない

2．試合中のプレッシャー場面で、あなたはどのようなプレーをしますか？
　a．サービスやレシーブの際に、いきなりエースでポイントを取ろうと試みる
　b．攻撃してウイナーで得点することを目指す
　c．堅実なプレーをする
　d．防御のロブを多用して相手の失点を待つ

3．このとき、ラリー中にゆるくて浅いボールがきたとしましょう。
　あなたはそれをどのように打ちますか？
　a．どこでもいいから，できるだけ強く打つ
　b．強力なアプローチショットを打つ
　c．相手のバックハンド（その他の弱点）へ打つ
　d．浅いボールを打ち返す

4．その浅いボールを打った後、よくある結末はどうですか？
　a．得点になる（ウイナーが決まる）
　b．強打するがアウトになる
　c．ゆるく打ちすぎたため決まらない（プレー続行）
　d．相手コートに入っただけで，次に相手に攻撃されてしまう

5．試合中にイージーボールをミスしたとしましょう。
　このとき、あなたはどのように感情的に反応しますか？
　a．気が狂いそうになる。ミスしたことを心底から腹立たしく思う
　b．カーッとなる。次のイージーボールは必ず決めてやると思う
　c．気にしない。ただの１ポイントに過ぎないと割り切る
　d．落ち着いている。次のポイントの準備をする

回答がａまたはｂに偏っていたら、安定性について考慮する必要がある。逆に回答がｃまたはｄに偏っていたら、攻撃性を考慮した練習に取り組むと良いだろう。

コツ22

サーブはファーストサーブのみとする

●めんたるこぼれ話●

福井選手の 1.5 サーブ

本番の試合で、ファーストサーブをすべて入れた選手がいる。つまりセカンドサーブは一度も打たずに済んだのだ。達成した福井烈選手の話では、ファストサーブとセカンドサーブの中間、すなわち1.5 サーブを使うことで確率をあげたのだという。

POINT

1 フォールトになることを予想しないでサーブを打つ。

サービスで適度な集中を維持し、サーブの精度を上げる

試合中での緊張やプレッシャーが高まる場面で、最も頻度が高いのがファーストサーブを打つときだろう。ファーストサーブの成功率は良いプレーヤーの条件の一つでもあり、その強さや巧さを磨くことで、試合を有利に進めることにつながる。しかし、試合会場の静寂の中で審判や相手選手、観衆の全ての視線が自分に向けられたり、成功させたいと気負いすぎたりすることで、普段どおりのサーブが打てなくなることもある。

その対処法として取り入れたいのが、サーブを1本だけにして行うサービスゲームのモデルトレーニングだ。セカンドサーブがなくフォールト1回でポイントを失うため、試合で感じる緊張やプレッシャーの状況にかなり近づく。**経験を積むことで、ファーストサーブでの集中力が磨かれて試合で落ち着いて打てるようになるし、ファーストサーブ自体の精度も上がる。**また、大会要項でウオームアップの時間が十分に取れないときに備えた練習としても役立つ。

コツ23

ゲームカウント3−3または6−6から始める

POINT

1 事前に他の練習メニューで試合での身体的疲労度に近づけてから行う。

積極的なセルフトークやルーティーン行動を用いる。

プレッシャーのかかりやすい状況を想定する

試合中のプレッシャー状況でのリラクセーションと集中を向上させるために、ゲームカウントを想定した2パターンの練習を行おう。ひとつはゲームカウント3−3の状況で、さらに1ゲームを交互に取り合ったケース、3−0から追いつかれるケース、逆に0−3から追いついたケースなど、3−3に至るまでの具体的な展開を設定し、事前にそのイメージを想起した上でコートに立つ。

また、ケースに応じた積極的なセルフトークを用いて集中を高め、目の前の1ポイントに意識を向け、攻撃パターンやサーブもしくはレシーブのタイプや意図を整理する。

さらに強いプレッシャーがかかる状況として、ゲームカウント6−6を想定し、事前の心理的準備を行ってから次のタイブレーク・ゲームにのぞむ。

より試合に近づけるために、ランニングや他の練習メニューや4ゲームほどプレーしておくなどで身体を動かし、ある程度の疲労状態をつくっておくことも大切だ。

コツ24

ゲームポイントで失点したらゼロにする

POINT

1 作戦の立案と確認、ルーティーン行動を行ってからプレーを始める。

余計な不安感や期待感を持たずに、目の前の１ポイントに集中する。

重要なポイントでの集中力、冷静さを保つ練習をする

サービスゲームでもレシーブゲームでも、自分のゲームポイントで得点し、そのゲームを奪えるかどうかが、試合のペースをつかむ上で大きな課題となる。しかし、この場面では、「ポイントを確実にとらなければならない」というプレッシャーがかかったり、逆に「あと1ポイントでゲームがとれる」と油断したりと、適度な集中を保つのが難しくなりやすい。

そこで、ゲームポイントの場面での緊張感をさらに高めるための特別ルールでのモデルトレーニングを日頃の練習に取り入れるといい。

たとえ40－0、0－40の有利なカウントであっても、もし次のポイントで失点したら、0からそのゲームをリスタートする。40－30から失点すれば0－40となり、40－15から失点すれば0－30となる。あえて不利な得点方式で試合を進めることで、勝利することも難しくなるが、経験を重ねるうちにプレッシャーに慣れ、プレーを始める前の正しい心構えが確立されていくはずだ。

コツ25 ゲームカウント5－4または4－5から始める

POINT

1 試合のそこまでの展開を設定し、そのイメージを想起する。

攻撃パターンの整理や積極的なセルフトーク、ルーティーン行動による準備を行ってからプレーにのぞもう。

ゲームの流れに惑わされない強い精神力を養う

大きくリードしながら追い上げられたり、逆に大きくリードされてから追い上げたときは、不安定な心理状態になりやすい。前者では焦りや怒り、あきらめの感情がわき、後者では過度の興奮や安堵、不安の感情がわくことが多い。

こうした状況下でも、目の前の1ポイントに対する集中と適度なリラクセーションを実現するために、ゲームカウントを設定した2パターンのモデルトレーニングを行っておこう。

ひとつはゲームカウント5－1から5－4に追い上げられたと想定してサーブ・ゲームから始めるパターンで、もうひとつは、ゲームカウント1－5から4－5に追いついたと想定して次のサーブ・ゲームで0－15から始めるパターン。**どちらも自分に有利なサーブ・ゲームを落ち着いてキープすることが目標となる**が、有利であるがゆえに「このゲームは絶対にとる」という強いプレッシャーがかかる場面であり、慣れないうちは普段のプレーがなかなか発揮できないはずだ。

コツ 26

コートチェンジを取り入れて練習する

POINT
1 コートチェンジを取り入れて練習試合を行う。

コート間を移動するとき、ベンチで休憩をとるときのルーティーン行動をつくり習慣化する。

チェンジコートすることでより試合をイメージする

テニスの試合中に行われるコートチェンジは、プレーに対する集中を維持したり、気持ちを切り替えたりする上で、とても重要な機会となる。

漫然とコート間を移動したり休憩するのではなく、時間を有意義に使うことを心がけよう。日頃の練習においても、試合形式のメニューではもちろんのこと、それ以外のメニューを行うときにも、たとえば時間で区切るなどして、なるべくコートチェンジの機会を取り入れ、プレーをしていない時間の過ごし方をシミュレーションしておく。

また、コートチェンジで休憩をとる際の、ベンチでの行動についてもあらかじめ設定しておこう。水分補給をする、タオルで顔や身体を拭いたり頭からかぶったりする、ストレッチや整理体操をする、ボールやラケットを見つめる、ラケットのガットを整える、深呼吸をする…など自分が心地良いと思えるルーティーン行動を普段の練習から実施して習慣化しておくことが、試合でのリラクセーションと集中に役立つ。

コツ27

実戦練習を通じてテニスを知る

POINT

1. 攻撃性と安定性のバランスのとれたプレーを組み立てる。
2. ボールの縫い目を見て身体の前でボレーする。
3. 連続の成功回数を決めてストロークする。

1ポイントずつの得点を累積していき、8ポイント終了したときの持ち点で勝敗を決める。

8ポイントゲームでテニスの本質に迫る

普通のゲームではミスしてもエースをとっても1点であるが、この練習では打球したときの位置によって得点の重みづけが異なるやり方で行う。ポイントが決定したときに、まず「ミス（アンフォースドエラー）」か「エース（フォーシングポイントを含む）」かを判定する。前者ならマイナスで1～3点を与える。後者ならプラスで、1～3点を与える。

1～3点は、その最後のボールを打球したときの位置による。エースの場合は、ベースライン後方なら＋1点、サービスラインとベースラインの間なら＋2点、サービスラインとネットの間なら＋3点となる。ミスの場合はこの逆で、ベースライン後方がマイナス3点となる。

左右のコートでのサーブの2ポイントが終了したら、サーブを交代する。4ポイント終了したら、コートを交代する。1ポイント終了するごとに得点を累積していき、8ポイント終了したときの両者の持ち点を比較して勝敗を決める。

攻撃性と安定性のバランスのとれたプレーを組み立てる

8ポイントゲームで、最終的な得点がお互いにマイナスであれば、テニスはエラーのゲームであることに気づくだろう。ベースライン後方でのミスをなくし、うまくチャンスをつくってコート内で攻撃し、最終的にネットで得点すれば+3点をゲットできることにも気がつくことになる。

ボールの縫い目を見て身体の前でボレーする

誰かにボールを出してもらうやり方か、できればボールの速度を調節できるボールマシーンを使用する。選手はネットポジションに位置し、マシーンから送られてくるボールをボレーで打ち返す。次第にスピードを速くし、選手はボールのスピードが速くなるにつれて、集中をアップする。

連続の成功回数を決めてストロークする

自分がミスすることなくグラウンドストロークを打てる回数を目標として設定する。この目標に対して、球出しされたボールを打ち返す。もし途中でミスをしたら、ゼロからやり直さなければならないため、目標が近づくにつれてプレッシャーが増す。打球の方向や範囲を制限して難易度を上げることも効果的。

クールダウンの1つとして「リラックスラリー」

練習後のクールダウンの一つとして、リラックスラリーを行ってみよう。握りを緩くして、ゆっくりとスイングする。足もリラックスして動かし、足ぶみをしながら打球する。打球時に息を吐くことでボールとの呼吸合わせをする。山なりのゆっくりした弾道に焦点を合わせる。リラックスして打つ感覚が理解できる。

リラックスした状態で打つ

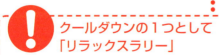

●めんたるこぼれ話●

「重要なポイントでのプラン」

一般的には、重要なポイントでのプレープランとしては、普段通りのプレー、得意なパターンが望ましいとされている。ところが、フェドカップ、日本対ブルガリア戦におけるマレーバ選手がマッチポイントで選択したプランは少し違っていた。

このとき彼女がとったプランはサーブラッシュであった。この試合でそれまで一度も使っていないプランであったため、中村選手はまったく予想していなかった。アドコートのサイドに入ってきたサーブをバックハンドでクロスにリターンしたが、それをファーストボレーで右サイドに決められた。重要なポイントで相手が予測していないプレーを選択したマレーバ選手の決断は称賛に値する。もちろん、このプランの選択にあたって、集中して実行したら成功するという自信が彼女にあったはずである。

すなわち、ここでのプランの選択は実現可能なプレーでなくてはならない。重要な1ポイントを獲るためのプレープランについて考えて練習してみよう。きっと楽しい練習になるはずだ。

重要な場面での積極性

2011 全豪オープン女子単準決勝、中国のエース李選手が第1シードのウオズニアッキ選手をファイナルで倒して、アジア勢初の決勝進出を果たした。ファーストセットは凡ミスによるミスが17本と李選手の一人相撲が続いた。セカンドセットもウオズニアッキ選手が5－4リードのサービスゲームで40-30のマッチポイント。追い詰められた李選手は「試合はここから」と自分に言い聞かせたという。3連続でポイントをあげて逆にブレーク。結局、3ゲーム連取して、このセットを奪った。

李選手側からはテニスはマッチポイントさえ獲られなければ逆転可能なゲームであること、ウオズニアッキ選手側からは重要な1ポイントを獲るための積極性の大切さを改めて示唆していた。李選手はその後の全仏オープンで優勝することになる。

PART 4

本番に強くなるメンタルづくり

試合では予期せぬできごとがさまざま起こる。練習でマスターしたテクニックが、相手に通じなければ動揺することもあるだろう。どんなときでも、その結果を受け入れて次のポイント、次の試合にのぞむことが本番で強くなるコツだ。

コツ28

試合前夜はテニスから離れてリラックスする

準備を済ませたら、テニス以外のことでリラックスする。

POINT

1 試合の数日前から心身のコンディションを整える。
2 試合前日はいつもと同じペースで練習する。
3 安心感を得るために万全の準備をする。

試合前夜は心身をリラックスさせて十分な休養をとる

試合前日に、明日の準備やイメージトレーニングが済んだら、テレビや読書など、テニス以外のことに注意を向けてリラックスする時間を持つようにしよう。テニスのことばかりを一日中ずっと考えていると、肝心なときに集中力が保てなくなる。**家庭や学校、職場での心配事もできるだけ前もって処理しておき、試合当日に持ち越さないようにすることも大切だ。**

そして、眠くなったら床につく。十分な睡眠時間を確保することも試合に向けた重要なコンディショニングのひとつ。静かな音楽をかけたり布団の中で穏やかな内容の本を読んだりして眠りに入りやすい方法はよいが、直前の食事や入浴は眠りにくくなりやすいので避けておこう。

気持ちが高ぶって眠れないようなときには、無理に布団に入らずに眠気がくるのをしばらく待ってもよい。布団に横たわって目を閉じて安静にするだけでも、普通に起きているよりもだいぶ大きな休養効果が得られるものだ。

試合の数日前から心身のコンディションを整える

試合で普段の実力を発揮するためには、試合を前にどのような準備をして心身のコンディショニングを整えるかが重要だ。試合の数日前から、緊張や疲労に対する処置としてのリラクセーションと、自信や集中力の強化、サイキングアップ（気持の盛り上げ）を実践しておこう。

試合前日はいつもと同じペースで練習する

試合前日は、いつもと同じペースで練習を行う。オーバーワークやフォームの変更は禁物。疲労が残ったり、自信を失くす原因となる。練習メニューの最後には、気になるショットと決め球や得意なショットの練習を行い、良い感じを得たところで「明日はできる、やるぞ」で切り上げることが大切だ。

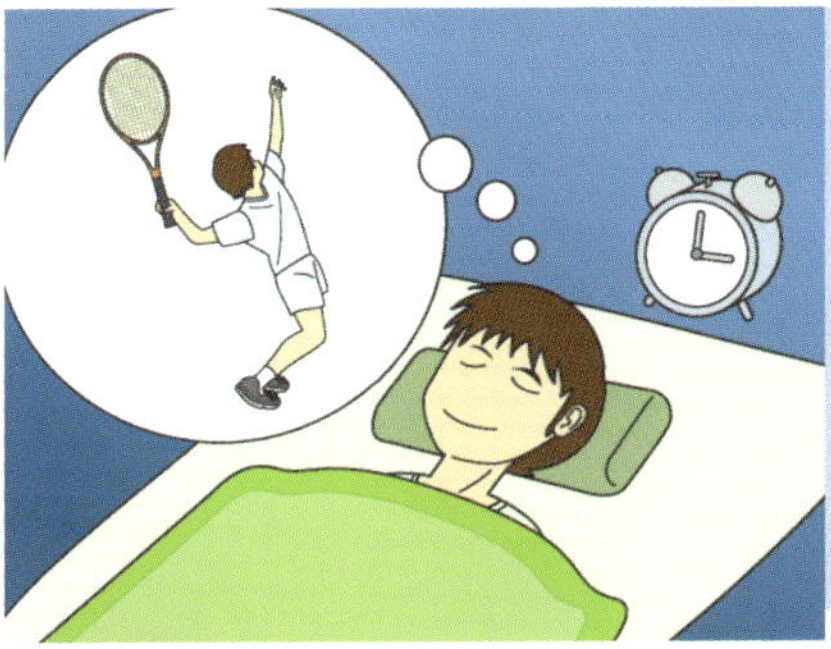

安心感を得るために万全の準備をする

試合前日には、試合当日の行動（起床時刻、朝食、出発時刻、交通機関など）を決めておく。会場に到着してからの準備の仕方についても、練習や食事、ストレッチ、コートに入る時間などをあらかじめ決めておくと、余分な緊張を防ぐことができ、自信の強化につながりやすい。

準備を万全にして「あとはやるだけ」と言い聞かせる

移動時やウォームアップ時、ゲーム用の各ウエアやシューズ、帽子、ラケット、水分補給用のドリンク、補給食、大会要項などの書類などの点検、大会ルールや会場のサーフェスの確認など、万全の準備をしておこう。最後に「準備は万全、あとはやるだけ」と自分に言い聞かせる。こうすることで安心感が得られ、試合前日から当日朝までをリラックスして過ごせるようになる。

コツ29

試合当日にすべきことを把握する

試合への準備の妨げにならないように注意しよう。

POINT

1 会場に到着してからの過ごし方をイメージする。

2 試合での攻撃パターンやショットの成功プレーを思い描く。

3 イメージトレーニングとセルフトークで自信を深める。

会場でのリラクセーション、サイキングアップの方法も決めておく

試合の当日には、大会の規模や対戦の順番、天候不順などの理由によって、会場に到着してから試合開始までに長い時間を過ごさなければならないケースもある。ウォームアップやゲームプランの確認など行うべきことをしても時間が余ってしまうこともあり、こうした際に**緊張しすぎたり自信や意欲を低下させたりしないためのリラクセーションやサイキングアップ（気持ちの盛り上げ）の方法をあらかじめ決めておくことも大切だ。**

具体的な方法については、イヤフォンで音楽を聴く、本や雑誌を読む、軽いジョギングや散歩、ストレッチング、素振り、縄跳び、イメージ想起など、自分が心地良いと思うもので構わない。ただし、周囲の人たちの迷惑にならないように気を配らなくてはならない。

また、熱中しすぎて準備が不足したり、音楽や本の内容で興奮しすぎたり意欲を下げたりしないことも重要。テニスに関する本や雑誌も余計な考えが浮かびやすいので避けておこう。

試合前のストレッチは必須

会場に到着してからの過ごし方をイメージする

試合の前日には、試合当日の行動やどんなプレーをするかについて、自分の部屋などリラックスできる場所でイメージトレーニングを行うとよい。まず、行動については、会場に到着してからの最初のウォームアップや待ち時間の過ごし方、試合開始が近づいてからの準備行動の順を追ってイメージする。

試合をどのように展開するかイメージする

試合での攻撃パターンやショットの成功プレーを思い描く

ゲームプランについては、攻撃パターンの戦術や作戦をうまく実行できている自分の姿を想起する。各ショットについても具体的に、グラウンドストロークを打っている姿、サーブを打っている姿、サーブリターンを打っている姿など成功プレーを思い描くことで自信を強めることができる。

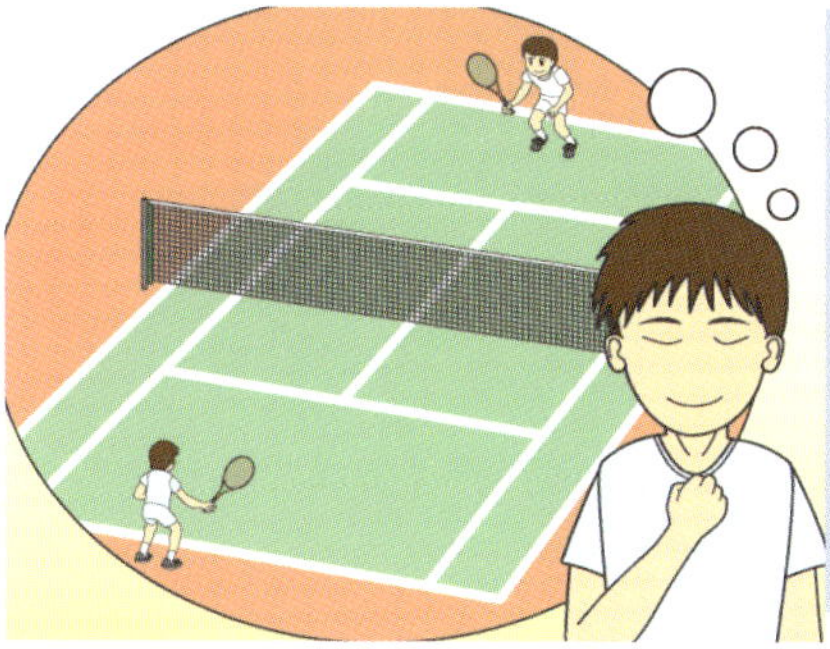

イメージトレーニングとセルフトークで自信を深める

試合の前にイメージトレーニングを行うときには、良好なプレーや心身の状態に導く自己暗示セルフトークも積極的に用いるようにしよう。セルフトークの内容は「リラックスしている」「調子が良い」「自信が湧いてきた」など、状況にあったものを選んで実行するようにしたい。

試合会場へ下見に行って本番をイメージ

初めて訪れる場所は、誰でも注意が散漫になり集中を維持するのが難しくなる。大切な試合が近づいたら、できる限り試合会場に足を運んで下見をしておくようにしよう。実際に会場内に入ったりコートで練習したりすることはできなくても、会場の様子や周囲の風景を観察して、雰囲気を味わっておけば、試合当日の緊張が和らぎ、試合に向けたイメージトレーニングをより明確に行える。

コツ30 当日朝は鏡の前で自己暗示セルフトークを行う

POINT

1 朝出かける前に、鏡の前で自分に積極的な言葉をかける。

試合当日の朝のルーティーン行動として、自己暗示セルフトークを習慣化しよう。

朝のルーティーン行動を習慣化する

試合当日の朝は、炭水化物を中心に栄養バランスに優れた朝食を揃え、「今日は好きなテニスができる」と幸せを感じながら食べることから始めよう。そして、**支度を済ませた上で、出かける直前に鏡の前に立ち、鏡の中の自分と目を合わせ「やるべきことはやった」「今日はやれるぞ」といった自己暗示セルフトークで自信を高める。**

自分だけに聴こえる大きさの声でよいし、頭の中で強く念じるやり方でも構わない。たとえ不安や緊張を抱えていたとしても、こうした積極的な言葉を自分自身にかけることで、前向きな気持ちが生まれてくる。こうした行為をバカバカしいと感じたり恥ずかしがったりするのは、よほど精神的にタフな選手をのぞき、試合に対する意欲が欠けているか、緊張から逃れたくて自分自身の心を持て余しているかのどちらかである。

また、言葉を発した後にどんな気分になったかで、その日の自分の心理的なコンディションを確認することもできる。

コツ31

会場には時間的余裕を持って到着する

交通機関の乱れなどで遅れることになってもイライラしない。

POINT

1 会場での準備が十分に行えるような到着時刻を設定する。

事前に調べた所要時間よりも多く見積もって出発する

試合当日は、自宅や宿泊先から近いか遠いかに関わらず、時間的に余裕を持って試合会場に到着することが大切だ。あらかじめ移動の所要時間を計算していても、交通機関の乱れなどで予定していた到着時刻から大幅に遅れてしまうこともあり、その焦りや怒りから緊張が高まったり集中が維持できなくなったりする。

ある程度余裕を持って出発すればトラブルが起きても対応しやすい。また、遅れることが分かってもイライラせず、速やかに対処法を考えるべきである。自分でコントロールできないトラブルに怒ったり悲しがったりしても仕方がない。試合やテニス以外のことを考えてリラックスしよう。

さらに、ウォームアップやイメージトレーニング、試合での戦術の確認、リラクセーションやサイキングアップなどの心身両面の準備時間を十分確保するためにも、指定された集合時刻よりも早めに会場入りするようにしておこう。

コツ32 会場全体の雰囲気や外的条件を確認する

POINT

1 受付を済ませたら、会場内を歩いてコートとトイレの場所を探す。

コートの状況を記憶したりメモをとったりしてイメージトレーニングの材料とする。

会場内を歩いて施設を確認し、イメトレの材料を得る

会場に到着したら、まず受付に向かい、必要な手続きを済ませておこう。最初のウォームアップを始める前に、会場内を歩いてまわり、試合を行うコートやトイレの場所を確認しておく。

チームで出場する場合は団体行動を乱さない範囲であることはもちろんだが、試合直前になって慌ててコートやトイレを探しまわって余計な不安や緊張を抱えないようにしておこう。

歩いてまわるときには、立入禁止のエリアは避け、他の選手や係員の作業の邪魔にならないように注意する。その上で**会場の雰囲気を味わい、天候や風の性質、サーフェスの状態などの試合の外的条件をチェックし、その後に行うイメージトレーニングの材料とする。**

必要に応じてメモをとるのもよい。ただし、歩きまわる中で具体的なゲームプランを立てたりプレーのイメージを浮かべたりすると、情報が整理しきれずに混乱するか、気持ちが高ぶってリラックスできなくなってしまうので注意。

コツ33

試合前に勝つためのゲームプラン、心構えをつくる

POINT

1 対戦相手の実力を客観的に評価し、勝つための攻撃パターンを立てる。

ダブルスならパートナーとよく話し合い、戦術や決めごとを確認する。

基本的な攻撃パターンを軸にゲームプランを立てる

試合でコートへの集合時間が近づいてきたら、ストレッチなどのウォームアップを始める前に、試合での基本的な作戦について考えておこう。**ダブルスの試合なら、パートナーとのフォーメーションやゲームプランについて意見を交換・確認する。**過去に対戦したことのある相手なら、そのときのプレースタイルや長所、短所を客観的に評価し、気をつけるべきことを確認したり、有効な攻撃策を練ったりする。ただし、前回の対戦から相手のレベルやプレースタイルが変わっていることもあるので、**簡単な分析にとどめ、あとは自分自身やペアの基本的な攻撃パターンについてじっくりと考える時間にすることが大切だ。**試合でのゲームプランの立案に関しては、何らかの理由で準備に追われ、十分な時間が確保できないこともある。こうした際に慌てないように、試合当日にいきなり作戦を立てようとせず、前日までにある程度方針を決めておいた方がいい。

コツ34

試合で起こり得る展開を想定する

POINT

1 どんな相手に対しても、起こり得る展開を想定し、心構えをつくる。

不安や緊張を感じるときは成功プレーについてのイメージトレーニングを行う。

強豪相手にも揺るがない心の準備をする

試合コートへの集合時間が近づいてきたら、試合に対する心構えをつくることも大切だ。実力差や対戦経験の有無、得意もしくは不得意なタイプなど、どんな相手に対しても、起こり得る展開を想定する。相手の実力が自分より上でも下でも著しく差がある場合には、この準備がおろそかになるので注意しよう。

リードしたときには「油断しないで戦おう」、リードされたときには「最後まであきらめない」、タイブレークになったら「目の前の1ポイントに集中する」、さらにセットの切れ目やマッチポイントまで、試合中の展開に応じたセルフトークを確認しながらシーンごとの心構えをつくっていくことで、実際の試合でバタバタすることなくプレーできるはず。

相手がシード選手だということで、名前負けしてはならない。逆に自分より実力が下だったりしても決して侮ってはならない。自分自身との対話の中で、心をうまくコントロールしていこう。

上位との対戦における メンタル準備度チェック

上位のプレーヤーと対戦することは、けっして楽なことではない。
あなたが上位との対戦でどのように反応しているかについてチェックしてみよう。

回答選択肢の７点尺度の数字で、あてはまるものを一つ選択しなさい。

❶ 試合が始まるとき、プレイする準備ができていますか？

十分に準備できている　1　2　3　4　5　6　7　準備できていない

❷ 試合が始まるとき、精神的にゲームに集中していますか？

十分に準備できている　1　2　3　4　5　6　7　準備できていない

❸ 試合中に、筋肉はどのような感じですか？

十分に準備できている　1　2　3　4　5　6　7　準備できていない

❹ 試合中に、集中力を失うことがありますか？

ほとんどない　1　2　3　4　5　6　7　多い

上記で丸印をつけた数値を合計する。16 未満ならば，大部分の重要な試合（ビッグマッチ）に対して準備ができている。16 以上の場合は準備の仕方を改善すべきである。

●めんたるこぼれ話●

上位との対戦で勝ちきるコツ

「追い上げることはできるが勝ちきれない」という選手がいる。上位者との対戦においてはよくあることで、追い上げているときは１ポイントずつプレーすることができるが、並んでしまうと試合結果に心が飛んでしまいがちになる。また、相手は逆に開き直って集中を高めてくる。つまり並んだり、リードしてからが勝負どころであることを忘れてはならない。あくまで競り合いの最終局面における１ポイントずつ積極的にプレーする姿勢が求められる。

コツ35 試合前後にストレッチで体をほぐす

POINT

1. 日常の練習からストレッチを取り入れる。
2. 全身のストレッチに 10 ～ 15 分かける。
3. ゆっくり伸ばし、張りを感じるところで 10 秒以上キープ。

試合前のストレッチには心身両面のコンディショニングに効果がある。

ストレッチの意義

試合前のウォームアップの一環として行うストレッチには、いくつかの効果がある。ひとつはケガの予防。ストレッチによって筋肉を伸ばすと、関節の可動範囲が広がり、激しい動きによるケガのリスクを減らすことができる。

二つめは試合中のパフォーマンスの向上に役立つことだ。筋肉が緊張していると、プレー動作を十分に行うことができず、プレースピードやパワー、コントロールのレベルが下がってしまう。

そして三つめの効果は、心理面での緊張を解き、リラックスできることだ。適切なストレッチによって筋肉の緊張がほぐれ、身体から心へとリラクセーションを広げることができる。また、ストレッチを行うことに注意を集中すると、試合についての不安から注意を逸らす効果もある。

ただし、間違ったやり方だと、筋肉を痛めるなど逆効果となってしまうので、注意点をしっかり守って適切なストレッチを行おう。

試合や練習の前後にストレッチを行う

日常の練習からストレッチを取り入れる

日頃の練習の前後にもストレッチを行う習慣をつくり、休養日にも積極的にストレッチを行い、疲労回復やケガの予防に努めよう。5～10分程度のウォーキングや軽いジョギングをして筋肉の温度を高めてから行う。暖かさや暑さを感じる日でも省略しないようにしよう。

全身の筋肉に働きかける

全身のストレッチに10～15分かける

各部位のストレッチをゆっくり丁寧に行う。ストレッチを終えたら、なるべく時間を空けずに試合直前の対戦相手とのウォームアップ・プレーに入る。数分間じっとしているだけでもストレッチの効果はだいぶ薄れてしまう。急に予定が変わったときは、あらためてストレッチを行うようにする。

10秒以上のキープで筋肉を伸ばす

ゆっくり伸ばし、張りを感じるところで10秒以上キープ

試合の前にイメージトレーニングを行うときには、良好なプレーや心身の状態に導く自己暗示セルフトークも積極的に用いるようにしよう。セルフトークの内容は「リラックスしている」「調子が良い」「自信が湧いてきた」など、状況にあったものを選んで実行するようにしたい。

！ 呼吸を止めずに部位に意識を集中する

筋肉を伸ばすときにゆっくりと息を吐きながら行うと、いっそうリラックスすることができる。張りを感じるところで姿勢を維持するときも呼吸を止めないこと。伸ばしている部位に意識を集中することでストレッチ効果が高まる。テニスで使う筋肉群を重点的に腹や背中、尻なども入念にストレッチする。

伸ばす筋肉を意識すると効果アップ！

ストレッチしよう！

試合はもちろん、練習の前後にストレッチを取り入れよう。ストレッチは身体を温めるウォーミングアップとしてだけでなく、疲労を軽減する効果もある。

BACK

上腕のストレッチ

頭の後ろで片手を反対腕のヒジの上に置き、ゆっくりヒジを頭の後ろに押す。

肩のストレッチ

胸の前で腕をクロスさせ、片ヒジあたりをもう一方の腕で押し引く。

肩と背中のストレッチ

壁に両手をつき、両足は揃えたまま体をゆっくり前に倒す。

モモや股関節まわりのストレッチ

あぐらをかいてやや前傾になり、両足の裏をつけたツマ先を両手で持つ。両手で軽くヒザを下げるように押す。

モモのストレッチ
仰向けになり、両手で片ヒザを胸に引き寄せる。

モモのストレッチ
両手は床につけ、片ヒザを曲げて、もう片足は前に伸ばして座り、体を後ろに倒す。

フクラハギのストレッチ
両足をクロスさせて立ち、手を床につけるように前屈する。

前腕のストレッチ
手のひらをもう片手で上下させ前腕部分を伸ばす。

フクラハギのストレッチ
片足を前に出し、もう一方を後ろに下げて立つ。そこから重心をさげながら後ろ脚を伸ばす。

コツ36

ウォームアップでプレーの確認をする

POINT

1. ウォームアップを単なる身体慣らしの機会にしない。
2. 対戦相手の長所と弱点を評価する。
3. 環境条件やコートのサーフェスに慣れる。

ウォームアップにしっかり目的を持つことで心と体の準備ができる。

その日の条件や調子を確認し、コートに体を慣らす

試合を始める前には、試合コートに入って、対戦相手との数分間のウォームアップを行うことになる。できれば、これより前に、練習コートでのウォームアップをしておきたいが、もし機会がない場合には試合直前のウォームアップの重要性はさらに増す。また、打球やフットワーク、ポジションなどについて、よい感覚を得ようとすることも大切だ。良好な心身の状態に導く自己暗示セルフトークが役立つ。

さらに試合でうまく使えそうなショットと使えそうにないショットなど、その日の自分の調子を確認することである。たとえば、フラットサーブの調子が悪ければ、感覚が戻るまでファーストサーブにスピンをかけることを選択する。

ウォームアップの最終段階では、自分のショットやプレーについて自信を高める必要がある。ボールとの声合わせ法（コツ49）などにより打ち合うボールに集中し、試合の勝敗などの余計な心配や不安から注意を逸らすとよい。

自分のショットに自信を高めつつ、身体を温める

ウォームアップを単なる身体慣らしの機会にしない

最も大切なことは、自分自身の準備を十分に行うことであることを忘れてはならない。相手のことに意識を向けすぎると、不安が増したり集中が維持できなくなったりする。

まずは目的を実行するために集中して取り組み、最終段階には、自分のショットやプレーに自信を高めるように努める。

相手の動きやショットの傾向を観察する

対戦相手の長所と弱点を評価する

相手は右利きか左利きか？　トップスピンかスライスか？　ボレーの鋭さはどうか？　動作は機敏か？　サーブはファーストとセカンドでどうか？　また、相手のショットのスピードや深さ、球質に慣れるようにする。試合中のショットと異なることもあるが、ある程度の予想は立つだろう。

コートの滑り具合、ボールの弾み具合を確認する

環境条件やコートのサーフェスに慣れる

バウンド後のボールのスピードやスピンの反応、滑りやすい場所、ベースライン後方の広さ、それに、風向き、太陽、観客などを把握する必要がある。特に風向きは重要で、影響を受けやすいロブの打ち方を始め、ショットの選択も風上と風下で区別して考えなければならない。

！ 天候に応じた作戦を考える

屋外の会場であれば太陽の見える位置や風の向きや強さを把握しておく。ただし、太陽の見え方や風の吹き方、サーフェスの状態については、自分がプレーする時間やコートの場所、天候によって変わってくるので、その点を考慮した作戦を用意する必要がある。

コツ37

試合前の緊張のサインと仲良くする

POINT

1 緊張や不安感に対してマイナスのイメージを持ちすぎない。

リラクセーションを行って落ち着こう。

適度な緊張や不安は「必要なもの」

試合前夜の睡眠不足、体調の不安、筋肉のこわばり、トイレが近くなる、口の中が渇いたりネバネバしたりする、目がショボショボする、周囲の音や声にビクビクする、失敗への不安といった、自分の心身の状態に過敏になると、かえって不安を増大することになる。

試合前は誰もが緊張するものであり、適度な緊張や不安は必要なものだと捉え、「今日はきっと良いプレーができる」と割り切って受け止めたほうがよい。 筋弛緩や深呼吸、ストレッチなどによるリラクセーションを行って落ち着こう。

それから自分を励まして準備すればよい。なお、周囲の激励には「ありがとう」と好意的に受け止め、ベストを尽くす決意を確認すること。ただし、結果はついてくるものと割り切ることが大切だ。

それでも不安を感じたり緊張しすぎていたりしたら、試合での基本的なショットや攻撃パターンの成功シーンのイメージトレーニングを行っておくといいだろう。

コツ38 普段どおりのプレーを目指す

POINT
1 普段どおりのプレーをすれば結果はついてくる、と考える。

テニスが好きでやっていること、挑戦を楽しむことを確認しよう。

割り切った勝敗に関する考え方を持つ

日頃の練習では、「○○に勝つこと」や「優勝」を目標に据えて、そのために必要な努力をしたり意欲を高めたりする。ただし、試合開始前には、勝敗にこだわりすぎると周囲の評価が気になり、プレッシャーや失敗への不安が増大したり、プレーに集中できなくなったりする。

そこで、結果（勝敗）はついてくるものと考えて、ベストを尽くすこと、普段どおりプレーすることを目指すようにする。**周囲の評価のためではなく、テニスが好きで自分のためにやっていること、挑戦を楽しむことを再確認しよう。**

ウォームアップが終わり、いよいよ試合が始まるというときには、「やるべきことはやってきた」「今日はやれるぞ」「さあ好きなテニスを思いきり楽しもう」などといった、前向きな言葉での自己暗示セルフトークを行う。そして何のために、誰のためにコートに立っているのか認識し、自信を強化してから試合に入ろう。

コツ 39

試合中はポイント間のルーティーンを行う

POINT

1 心地よい感じを得るための自分独自のルーティーン行動をあらかじめ決めておく。

どんな展開や出来事に対しても、「大丈夫、できる、やる」と前向きに受け止める、落ち着いてルーティーンを行う。

「普段どおりの自分」で試合に臨むために

試合が始まってからは、自分や相手の調子、試合の展開、天候や観客の声援などの外的条件に関わらず、あらかじめ決めておいたポイント間のルーティーン行動を確実に行うことが大切だ。

サーブをする前に、数回ボールをつく、レシーブの前の視線や構え、深呼吸、ゆっくり歩く、屈伸運動などで筋肉の緊張をほぐす、笑顔をつくる、イメージ想起、セルフトーク、プレーへの準備など、心地よい感じを得るための自分独自のクセや習慣を忘れずに実行しよう。

試合中には、いろいろなことが起きてくる。自分のミス、パートナーのミス、悪条件、予期せぬ出来事、相手の攻撃パターン、試合展開、それらすべてを「受け入れること」、そして「大丈夫、できる、やる」と自分に言い聞かせながら、1ポイントずつプレーすることに集中しよう。どんな展開や出来事が起きても、ポイント間にはルーティーン行動を確実に行えば、普段通りの実力を出せるに違いない。

コツ40

ミスをしても自信のある顔で堂々と立つ

POINT
1 試合終盤のゲームポイントやセットポイント以外は、喜びを表に出さない。
ポイントを失った後は、堂々と歩き動揺を表に出さない方が得策といえる。

得失点に関係なく、積極的な態度を維持する

試合中は、得失点に関係なく、落ち着いた態度と積極的な姿勢を維持することも大切だ。たとえミスをしても、落ち込んだり悔しがったりせず、胸を張って堂々とした表情でコートに立とう。

外面的な態度や表情のコントロールが内面のコントロールにつながっていくし、相手につけいる隙を見せないことにもなる。**狙いどおりのプレーで得点をした場合も、試合終盤の重要なゲームポイントやセットポイントでない限り、大げさに喜んだり興奮したりせず、次のポイントに向けて淡々とルーティーン行動を行うようにすることが大切。**

相手のミスでポイントを得たときに喜ぶのはマナー違反だし、相手のミスを期待するような消極的な姿勢につながりやすくもなるので注意が必要だ。ミスをしても得点しても1ポイントは1ポイントであることに変わりはない。1ポイントで試合は決まらないのだということを心においてプレーに集中しよう。

コツ41

ミスはチェックポイントに沿って反省する

ミスの後は決められたチェック方法で失敗の原因を探る。

POINT

1 ミスショットのプレーをすばやく振り返り、原因と対策を確認する。

ミスした原因と繰り返さないための対策を思い出す

試合中のミスに対しては、あらかじめ決めておいたショットのチェックポイントに沿ってすばやく反省することで、次のプレーに引きずることなく、ポジティブな姿勢でチャレンジできる。

サーブなら「トスの位置が悪かった」「バックスイングで力んでしまった」、レシーブなら「足を動かしていなかった」「ボールに対する面が少しかぶっていた」、ボレーなら「ボレーをする直前に相手の動きが気になり過ぎてボールから目を離してしまった」など、具体的なミスの原因を探るようにしよう。

また各ショットで自分がミスをしやすいクセとその修正法をあらかじめ決めておくことが大切。

済んだことを自己批判するのではなく、情報として役立てることがポイント。ミスの原因をつかみ、「こうだったから失敗した。だからこうすれば再びミスはしなくなる」とすばやく分析と対策を行い、積極的な姿勢を崩さないようにしよう。

コツ42

次のポイントを新たな戦いと再確認する

POINT

1 済んだことは忘れて次のポイントへのルーティーン行動に入る。

次のポイントへの簡単なプランを描き、準備動作をしてからプレー開始を迎える。

自分が何をしているかが分かるように冷静さを維持する

ミスをした後で消極的な考えをしている自分に気づいたら、済んだことは忘れて次のポイントは新たな戦いであることを再確認しよう。

それから、自分なりのルーティーン行動に入る。たとえば、左手でラケットを持ち、ゆっくりと堂々と歩きながらボールを拾いに行く間に筋肉の緊張をほぐし、深呼吸をして落ち着く。

今、自分が何をしているかが分かるように冷静さを維持することが大切だ。ミスのことを簡単に反省したら、サーブやレシーブの位置に近づき、次のポイントの簡単なプランを描く。そして、ボールを何度かついたり、足を小刻みに動かしたり、深呼吸をしたりといった自分なりの準備動作を行い、プレー開始の瞬間を迎えよう。

逆にこのインターバルで、しっかり自分のメンタルをリセットできないと、次のポイントまで引きずってしまう。特にミスの後は消極的になり、連鎖したミスを起こしがちになるので注意。

コツ 43

視線をコントロールする

POINT
1 気が散る状況では、ポイント間に身近なものに焦点をあてて注意を切り替える。

試合中の集中力が散漫にならないために、視線をコントロールしよう。

焦点を定めて注意力を高める

試合中に、相手の言動や観客、隣のコートの選手などに気が散って、注意力が散漫になると、視線がさ迷ったり、ぼんやりしたりして視界の焦点が定まらなくなる。そんなときには、ポイント間に、**ボールをつく、ボールの縫い目やマークを見る、ガットを直す、靴ひもを直すなど、といった身近なものに焦点をあてるようにして、気を散らす材料から注意を切り替えるようにしよう。**これが実戦で注意力を高める方法のひとつだ。

また、プレー中にも、ボールの縫い目を見ようとすると、ただボールを見ようとするよりもよくボールが見えることにつながる。飛来するボールの縫い目のパターンを見極めようとすると、**相手のラケットを離れた瞬間から自分が打つまで、早めにボールに注視し始めるため、ボールが大きくゆっくり動いて見えてプレーしやすくなったり、余計なことを考えないようになったりする。**

特に周囲の歓声や音が騒がしいと感じるときには積極的に実行しよう。

コツ44

緊張しすぎていたらリラクセーションを行う

NOBODY TRAINS TO MAKE EXCUSES
POINT
1 不安や怒りを感じときは、好きなことや楽しいことを思い出して笑顔になる。

緊張が高まったときには、深呼吸をしたりゆっくり行動したりする。

腹式の深呼吸をしたり笑顔をつくったりしてリラックスする

プレッシャー場面では呼吸が浅く不規則になる。試合中に緊張しすぎていると感じるときは、ポイント間にゆっくり深呼吸してリラックスするようにしよう。腹式呼吸で、肩を上げずにみぞおちのあたりを膨らませるようにゆっくり吸い、吐くときにもゆっくりと、筋肉から力を抜くようにする。この他に、腕や肩、首などを振ったり回したりするのもよい。

ルーティーン行動として、素振りをしたり屈伸運動をしたりするのもよいが、急がずにゆっくりと行動することが大切だ。

さらに、緊張する場面で不安を感じているときには、笑顔をつくると不快な感情を低減できる。笑顔をつくるときには、胸を張り、顔をやや上に向け、好きなものや楽しいことを頭の中で思い出してみる。

テニスとは直接関係のない内容であることが大切だ。声を出して笑ってもいいし、ダブルスならパートナーと互いに冗談を言い合うのもいい。

コツ45

ミスをしたら積極的なセルフトークをする

自分を叱ったり、やってはいけないことを注意したりするマイナスのセルフトークは行わない。

POINT

1 前向きな言葉や落ち着かせるキーワードを用いたセルフトークを行う。

前向きに挑戦する気持ちを高める

試合が始まり、練習と同じようなプレーができずにミスをしたり、相手にショットを決められると、不安がどんどん高まり試合から逃げたくなることがある。

こんなときは、**ショットのチェックポイントや戦術を確認したり、ルーティーン行動を行ったりするだけなく不安を軽減し、自信を高めるための積極的なセルフトークをすることも重要だ。**

ポイントを奪われてもう打ちたくないと逃げるのではなく、「同じボールをよこせ」「今度は成功させる」といった前向きな言葉を声に出して自分に言い聞かせたり、「リラックス」「深呼吸」「楽に」「滑らかに」「きっとできる」「挑戦」といった落ち着くためのキーワードを用いたりしよう。「こんな簡単なショットをミスするなんてバカ」と自分を叱って気持ちを盛り上げるプロ選手もいるが、それは自分の技術に対してよほどの自信を持っているか、精神力が強い選手にこそ通用する方法だ。

コツ46

ラリーの際は息を吐きながら打つ

POINT

1 スイングに合わせて息をしっかり吐きだす。

試合中に呼吸を止めてスイングしていないかどうか確認する。

緊張しすぎると呼吸を止めてスイングをしがちになる

試合中に緊張が高まると、ボールを打つときに無意識のうちに呼吸を止めてスイングしがちになる。テニスは呼吸によって新鮮な空気を体内へ取り入れて、血液循環によってカラダの隅々まで酸素を行き渡らせながら行う有酸素運動。呼吸を止めてスイングしてしまうと、体内への酸素補給が不十分となりやすく、長いラリーの途中で疲れてしまい、集中を維持することが難しくなる。

そこで、**ボールを打つことと息を吐くことを同調させながら打つようにしてみよう。そうすることで十分な酸素補給とリラクセーションが可能になる。**「声合わせ」と併せて行うとき、慣れないとつい呼吸を止めてしまうことが多いので注意が必要だ。相手の打球時から自コートでのバウンド時までは息を吸い、自分の打球時に合わせて息をしっかり吐きだすようにしよう。そうすることで呼吸のリズムがよくなり、新鮮な空気をたくさん取り入れられるようにもなるはずだ。

コツ47

リラックスしすぎていたらサイキングアップを行う

POINT

1 プレーに対する意欲が低下しそうな場面では、サイキングアップを積極的に行う。

1度に1ポイントずつ積み重ねることを強く言い聞かせてからプレーに臨もう。

サイキングアップで闘志を再活性化する

自分と実力差のある相手などと対戦して、試合中に大きくリードしたり、逆に大きくリードされたりすると、プレーに対する意欲が薄れて、プレーに集中できず調子を崩すことにつながりやすい。

リラックスしすぎているなと感じたら、闘志を再び活性化するために、次に挙げるようなサイキングアップ（気持ちの盛り上げ）の行動をとることが大切だ。

①軽いジャンプを繰り返したり、グリップを握ったり緩めたりする。
②ロウソクの火を強く吹き消すように短くて速い呼吸を3～4回行う。
③胸を張り、つま先に体重を乗せて軽快に歩く。
④やる気と自信に満ちた表情と態度をとる。
⑤「できる」「やるぞ」「食らいつけ」「ここからが勝負だ」といったキーワードを使う。

意欲不足のときや疲れがたまってくる試合後半には、淡白なゲームになりやすい。特に重要なポイントではサイキングアップで集中力を維持する。

コツ48

イライラしていたら深呼吸を繰り返す

POINT

1 吐くことをより意識した深呼吸を繰り返し行って冷静さを取り戻す。

堂々とした表情や態度を保ち、セルフトークをうまく使って気持ちを切り替える。

外的条件へのイライラは決してプラスには働かない

試合中には、強い風で打ったボールが流されたり暑さを不快に思ったり、ポイント間に相手に待たされたり審判のジャッジに不満を感じたりと、イライラを感じる場面がいくつもある。

そんなときには、ポイント間に深呼吸を繰り返し行って冷静さを取り戻すようにしよう。浅い呼吸では十分な酸素が補給しにくく、思考や行動も性急になりがち。イライラや怒りは無意識に呼吸が浅くなり、脳への血液循環が悪くなっている。

深呼吸は「吸う・吐く」で一つの動作。吸うことよりも、吐きだすときにゆっくり長く、体内の空気を全て吐き出すよう行う。そうすることで吸うときに空気を多く体内に入り込みやすくなる。

また、ポイント間には落ち着いた行動や堂々とした表情、態度を維持し、前向きな言葉でのセルフトークも用いてみよう。自分でコントロールできないこととは喧嘩せず、それらを受け入れ、自分のコントロールできることに目を向けよう。

コツ49

プレー中の「声合わせ」で集中する

POINT

1 飛来するボールに声を合わせることで様々な利益が得られる。

普段の練習にも「飛来するボールへの声合わせ」を取り入れる。

飛来するボールに「1」「2」「3」とコールしながらプレーする

試合中のプレーへの集中力維持や注意の切り替えにおいて、ただ「集中しよう」と語るだけでは、実際に何に注意を向けるのかが明確にならない。ここで有効なのが「飛来するボールへの声合わせ」である。

たとえば、グラウンドストロークで返球するときは、相手の打球時（インパクトの瞬間）に「1」を、自コートでのボールのバウンド時に「2」を、自分の返球時（インパクトの瞬間）に「3」を実際にプレーしながらコールするやり方だ。

ボレーでは、バウンドがないので「1」「2」のリズムになる。返球技術では、飛来するボールと自己の動作とのタイミングをうまく合わせる必要があるが、この「声合わせ」は、一連の情報処理と各動作の確実な遂行をもたらすとともに、深いボールや浅いボールなど毎回テンポが違うことにより、自然とプレーに対する集中力を高めることにもなる。試合中に限らず、普段の練習でも積極的に取り入れておこう。

余計なことは考えず ボールに集中する

グラウンドストロークで返球するときは、相手の打球時（インパクトの瞬間）に「1」を、自コートでのボールのバウンド時に「2」を、自分の返球時（インパクトの瞬間）に「3」を実際にプレーしながらコールする。そうすることで余計な考えから解放されて、ボールに集中できる。

「2」と「3」の時間を短くし ライジングショットを打つ

ストロークでは「2」と「3」の時間の間隔の違いを予想してスイングを開始することで、打球のタイミングが合ってくる。さらに「2」と「3」の時間の間隔を意図的に短くすることで、ライジングによる攻撃が可能になり、相手にとって難しいボールを打つことができる。

次プレーの読みやショットに 対するスタートをよくする

声合わせには、「1」をコート中央の待機ポジションでコールしようとすれば、打球後のフットワークがよくなるというメリットもある。もし、コート中央に戻れないときは、自コートの空きを意識できることにより、次のプレーの読みや相手のショットに対してのスタートがよくなる。

「1」の代わりに 打球の方向を発声する

この「声合わせ」には、「1」の発生の代わりに、相手の打球の方向をすばやく察知して、「右（フォア）」「左（バック）」（※左利き選手は逆）「前（ドロップ）」「上（ロブ）のいずれかを発声するやり方もある。一層の集中力を高めるとともに、相手が打球したボールに対する反応速度を高めることにも役立つ。

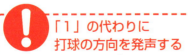

コツ50

自分にとっての障害に勝とうとする

POINT

1. お互いにベストプレーをすることで、障害を与え合う競技が成立する。
2. 相手のミスや失敗に期待しない。
3. すべての障害を乗り越えようと努力する。

プレーヤーとしての成長につながらない行為は慎む。

相手のベストプレーを受け入れる

試合中の駆け引きや心理的作戦を戦術の一部と見なすか、スポーツマンシップに反する行為と見なすかは意見が別れるところだが、挑発や欺き、不正なラインコール、感情的な言動などは決して行ってはならない。

相手や審判、観客に不快な思いをさせ、たとえ勝利をつかんだとしても、心証は悪くなり、プレーヤーとしての成長につながるとも思えない。

ガルウエイ氏は、テニス競技の本質について「相手に勝とうとするのではなく、自分にとっての障害に勝とうとする」と述べている。

この考えに逆行するなら、ただ楽しい思いをするために勝利を得ることを目的としている人は上位のプレーヤーとの対戦を嫌うだろう。プレーをしないで不戦勝を願うかもしれない。また、重要なポイントでリターンするときは、相手選手のダブルフォールトやミスを期待するかもしれない。しかし、これらの考えは「テニスを楽しむ」という本質から遠くかけ離れたものになる。

相手に同情する必要もない

お互いにベストプレーをすることで、障害を与え合う競技が成立する。

試合で勝つためは、自分の集中や緊張をいかにしてうまくコントロールできるかが重要だが、その一方で、相手の集中を乱したり緊張を高めさせたりすることで、自分にとって有利な状況に導こうとする選手がいる。このような行為はスポーツマン・シップに反する。

相手のミスに期待している
時点で負けている

相手のミスや失敗に期待しない

相手サーブにフォルトを期待しているところに、鋭いサーブが入ってくればリターンミスの可能性は膨らむだろう。自分にとっての障害に勝とうとして正しい姿勢でプレーすることを目標としている人は、相手のサーブが入ってくることを前提に備えて、素早い反応ができるに違いない。

試合が終われば
健闘をたたえ合う

すべての障害を乗り越えようと努力する

自分のミスに対しても、悪条件に対しても、予期せぬ出来事に対しても､試合展開に対しても、相手のプレーなり言動に対しても、すべてを自分にとっての障害と受け止め、これを乗り越えようとする。試合後は結果としての勝敗に関係なく、今日テニスができたことで相手に心から感謝の気持ちを込めて、握手する。

! 自分の配球やポジションを工夫する

相手からの障害に勝つためには、相手のポジションに対して自分の配球を工夫し、相手の配球に対して自分のポジションを工夫することだ。スピードの速い深いボールを打ってくるプレーヤーには、待機ポジションをいつもより後ろにする。また、前に出てくるプレーヤ―に対しては、ロブを使うと効果的だ。

コツ51
コートチェンジのときに気持ちを落ち着かせる

POINT

1 水分・栄養補給、深呼吸をしてリラックスする。

相手と自分のプレー内容を振り返って効果的なプランを考える。

状況を分析して、ゲームプランを練る

第1ゲームを除く奇数ゲームの終了時及びセットの終了時に行われるコートチェンジでは、自分の気持ちを落ち着かせることが大切。水分や栄養補給をし、深呼吸してリラックスする。

リードしているとき、またはイーブンのときには、基本的に今のままのプランを維持しながら、変化をつけるようにする。また、相手の意図や心理的勢いにも注意を向けるようにするとよい。

一方、リードされているときには、相手と自分のポジション、ペース、プレースメントを考慮して、効果的なプランを選択する。ただし、考えすぎや、一度決めたことをすぐに変更するのはよくない。ある程度試合が進んだ上で、流れを打開したたときに実行したい。

最後に、もう一度深呼吸をし、基本的な攻撃パターンの成功プレーをイメージして集中を高める。そして、ポジションに向かい、これまでどおりのルーティーン行動に入ろう。

コツ52

試合の結果は素直に受け止める

POINT
1 勝者は素直に喜び、敗者は自分の努力が不十分だったと受け止める。

外的要因は自分でコントロールできないが、内的な要因は改善できる。

外的要因を言い訳にせず、自分自身の原因を改善すると考える

試合が終わったら、結果としての勝敗を素直に受け止めることが大切だ。勝者は素直に喜ぶべきで、他者からの褒め言葉に謙遜する必要はない。もちろん、横柄でごう慢な態度は慎むべきである。敗者は外的な要因を言い訳に使わないようにする。

負けた原因については、自分の努力不足、実力不足、あるいは実力発揮のコンディショニングやメンタルの面で少し不十分であったと受け止める。外的な要因は自分でコントロールすることができないが、内的な要因は改善することができるからである。

そして、今後の取り組み（努力）によって、次はきっともっと良いプレーができると考えよう。なお、周囲の期待に対して申し訳ないといった気持ちもあるだろうが、ベストを尽くしたことで多くの人は納得してくれる。

コツ
53 プレー内容を評価する

POINT

1. VTRを利用して心理面の評価も行う。
2. 試合後の振り返りシート（P108参照）で内容をチェックする。
3. チーム戦は結果に関係なく次の試合に備える。

よかったプレーはなるべく時間をおかずに感覚を振り返ってイメージを定着させる。

勝っても反省すべきことがある、負けても褒めることがある

その日の試合ですべてが終わったわけではなく、まだまだ上達への道は続く。試合後は、今日の試合内容を今後の練習にどのように活かすか考えるチャンスでもある。新たな課題を見つけた敗者は、それを目標に努力することで、新たなプレーができることにつながっていく。なお、試合に負けたといっても、すべてのプレーが悪かったわけではないはずだ。

良いプレーもあったはずで、そのプレーを思い出すことを忘れてはならない。勝者もこれからが大切だという点では同じである。良いプレーばかりではなく、反省すべきプレーにも注目しよう。

プレー内容の評価のポイントは以下の通り。

①良かったプレー(今後定着させたいプレー)は?どんなプレーだったか、その感覚を振り返ることでイメージに定着させる。

②悪かったプレー（改善したいプレー）は?どんなプレーだったかをメモしておく。そのプレーの要点や練習方法については後から調べる。

VTRを利用して心理面の評価も行う

試合の様子をビデオ撮影して振り返ってみよう。試合の戦術や、フォーム、相手の特徴などを研究することもできるが、プレーしていないときの表情や態度、視線にも注目することで、心理面の評価にとても役立つ。

試合後の振り返りシート（次ページ）で内容をチェックする

振り返りシートを利用して、試合内容をチェックすると、さまざまな課題が見出せるはずだ。そして、次の試合に備えて、反省したり、練習方法を決めておくようにしよう。そうすることで、反省点がより具体的になり、次の試合に向けての準備ややるべきことが見えてくる。

チーム戦は結果に関係なく次の試合に備える

たとえ自分が負けてもチームとして戦っている、あるいは勝ち進んでいる場合の気持ちの切り替えを大切にすること。すなわち、受験の際に、答え合わせはすべての教科の試験が終わってからと同じで、次の対戦に備えること。食らいつくこと。

チーム戦での気持ちの切り替えセルフトーク

自分が先に負けたときは「まだすべてが終わったわけではない」「次の試合がやりたい」「他のペアに頑張ってほしい」と考える。その後、チームとして勝ったときは、「勝てて良かった、次の試合ができる」「また、好きなテニスができる」「次はここに注意していけば大丈夫」「今度はこんなテニスがしたい」など。

試合後の振り返りシート

（　）年（　）月（　）日　氏名（　　　　）

対戦相手は：　　スコアは：　　試合展開は：

①良かったショットやプレー（今後定着させたい）と、その内容は

（・どんな軌道で打球が飛んだか、・どんな音がしたか　・どんなフィーリンがしたか）

（・どんな場面で、どんなプレーを実行したか）

②悪かったショットやプレー（今後改善したい）、また、新たに学習したいプレーは、

（方策や練習方法は明日から調べるとして、今日は何があったかを記録しておく）

③次の（1）～（21）についてチェックしてみよう（練習課題が見つかる）

最初の（1）～（17）の項目については、次の6カテゴリーで評価して（　）内に1～6の数字を記入

6：とてもよくあてはまる　5：あてはまる　4：どちらかといえばあてはまる　3：どちらかといえばあてはまらない　2：あてはまらない　1：まったくあてはまらない

（1）試合が始まったときに、プレーに集中する準備ができていた（　）

（2）筋肉はリラックスしていた（　）

（3）ミスをしても、いずれは立ち直ることについて自信を維持することができた（　）

（4）（ダブルスで）ミスしたときのパートナーを支えることができた（　）

（5）特定のショットの調子が悪くとも、自分のできることをして勝つための工夫をすることができた（　）

（6）自分に不利なミスジャッジやネットインなどがあったときに、忍耐力を発揮することができた（　）

（7）最後まであきらめないでプレーすることができた（　）

（8）プレッシャー場面で落ち着いて、積極的なプレーができた（　）

(9) 困難な場面に出合っても、挑戦を楽しんでプレーすることができた（　）
(10) 一度に1ポイントずつプレーすることができた（現在への集中）（　）
(11) ラリー中、相手の打球時に、合理的ポジションに戻って（移動して）構えることができた（　）
(12) 飛来するボールのスピード（速い遅い）や弾道（高さ、深さ、回転）の変化に合わせて、タイミングよく打ち返すことができた（　）
(13) リズミカルで滑らかなスイングができた（　）
(14) ベースラインでのラリーの際に、相手に打球された後の反応（グリップチェンジやスタートの一歩）を素早く行うことができた（　）
(15) 相手からのチャンスボールに対して素早く反応してアプローチショットを打つことができた（　）
(16) 自分のボールが浅くなったときに、相手のアプローチに備えて、フットワークのテンポを切り替えることができた（　）
(17) ネットプレーの反応を素早く行うことができた（　）

以下の（18）～（21）の質問については、記述式で記入

(18) 実力をどの程度発揮することができたか（　）％
(19) 試合中，集中を持続できたか。失ったとしたら，それはいつか。
(20) スタミナの上で問題はなかったか
(21) この相手と再び対戦するとしたら，どんな作戦が有効か。

コツ54

ダブルスはパートナーとのコミュニケーションを良好にする

POINT

1 ダブルスの試合中は、互いに言葉をかけてコミュニケーションをとる。

2 細かな技術指導、悪いところの指摘は逆効果になる。

3 相手を勇気づけ、励ますことを目的とした言葉をかける。

普段の練習や試合前によく話し合い、パートナーの要求を理解する。

試合中の細かな技術指導は逆効果

ダブルスでの試合中は、ポイントの勝敗や試合状況に応じて、パートナーが互いに言葉をかけてコミュニケーションをとることが必要だ。間違った言葉がけや態度、表情といった非言語コミュニケーションでは、互いの信頼感や自信が損なわれたり、不安や緊張を高めたりといったマイナス作用が働いてしまう。

言葉がけでは、気持ちや姿勢、準備、集中力を高める内容の言葉がよい。試合中の細かな技術指導や悪いところの指摘は逆効果になりやすい。

ダブルスの試合中には、パートナーに対して、分かりきったことや結果を強く意識させるような言葉がけも控えるべきだ。励ますつもりが、プレッシャーを与えたり混乱させたりすることもある。

基本的には、勇気づけること、励ますことを目的とした言葉がけやコミュニケーションであることが大切だが、普段の練習でパートナーとよく話し合い、試合中の適切な接し方を把握しておこう。

ダブルスの試合における言葉がけのケーススタディ

ダブルスの試合中は、互いに言葉をかけてコミュニケーションをとることが大事。ダブルスの試合でパートナーにかける言葉のケーススタディを試合の状況別に確認しておこう。

パートナーがミスをしたとき

❶ ダブルフォールトを2本続けた

×「もっとスピンをかけたほうがいいよ」→技術矯正は困難→混乱
○「レシーバーのボディを狙っていこう」→ミスを減らすプレー選択
×「ファーストを入れていこう」→結果を意識→緊張
○「深呼吸してからセカンドを打ってみよう」→リラックス、間をとる

❷ 連続してリターンミスをした

×「相手の足下を狙っていこう」→自信がないときには実現困難な要求→混乱
○「真ん中に打っていこう」→実現が容易なプレー選択
×「テイクバックが遅い」「力んでいる」などの技術的なアドバイス→技術矯正は困難
○「前衛を気にしないで打ってみよう」→プレッシャーの解放（ミスの原因的中かも）
○「サーブするところをよく見よう」→反応準備、集中、予測

❸ ストロークやネットのミスが連続した

×「しっかりコートに返して」→結果を意識させる→緊張
○「構えのときに足を動かしていこう」→過程、反応準備

❹ 自分がサーバーのときに前衛のパートナーが相手センターのボールに手を出してミスした（どちらのボールかは微妙）

×「今のは私のボールだから手を出さないで」（守備範囲の確認）
→前衛はチャレンジできなくなる
○「ナイストライ！」→ポジティブな点を褒める

❺ パートナーがサーバーでサービスキープに失敗

×直後に「次は絶対キープね」→本人が分かっていること→プライドが傷つく
○直後に「次のリターンに集中」→切り替え、集中
×次のサーバーのときに「相手のバックに入れていこう」
→本人も知っているができないでいること
→技術矯正困難で混乱
○「戦術を変えてみよう」
→ステイバック、ネットラッシュ、
ロブ、パスの選択など→切り替え、集中

✕ 試合中にフォームの修正を指摘するなどは、パートナーを混乱させるだけといっていい。

試合中の重要な場面での言葉がけ

❶ ゲームカウント 4-4 の 30-30 という接戦のとき　<イーブンの状態>

×「ここは大事なポイント」→平常心でなくなる→プレッシャー

○「普段どおりプレーしよう」→消極的も大胆過ぎてもダメ

×「慎重にね」→ミスできない→ロブの選択が増え、しかも浅くなる

○「ここは得意なパターンで行こう」→自信に裏付けられたプレープランの選択

❷ 競り合いから自分たちのマッチゲームを迎えたとき　<リードしている状態>

×「これを取ったら勝ちだよ」→結果を意識→プレッシャー

×「エースを取ろう」→オーバーペースなプランの選択

○「いつもどおりプレーしよう」→堅実なプレープランの選択

○「前衛動いていこう」→身体を動かしてリラックス、反応準備

❸ 競り合いから相手のマッチゲームを迎えたとき　<ビハインドの状態>

×「追い込まれちゃったね」→否定的になってはダメ

×「さっきのゲーム痛かったね」

×「・・・」（沈黙）

○「1 ポイントずつ集中しよう」→あきらめないで励まし合う

○「相手のほうがプレッシャーがかかっている、必ずチャンスが来る」

→注意の切り替え、励まし

PART 5

自宅でもできる
メンタルトレーニング

24時間テニスのことだけを考えるのは難しい。しかし、日頃の練習にちょっとした工夫や目標をプラスするだけで、試合での動きが変わってくる。ここでは試合や練習以外のテニスへの取り組み方を考える。

コツ55

目標を立てる

理想目標（将来の夢）や中間目標、現実目標をそれぞれ設定する。

POINT

1 当面の目標となる現実目標を設定する。

2 心、技、体、生活すべての領域で目標を設定する。

3 ノートやカードに書き留めていつでも確認する。

テニスの価値観や目的達成への意欲を高める

目標の設定は、心・技・体それぞれの能力の向上にとても重要。特に心理面では、自分が立てた目標はテニスへのモチベーションを維持するためのエネルギー源となるとともに、日々の目的や方向性を示す役割も果たしてくれる。

ただし、目標を設定するときには、いくつかのポイントがある。「とにかく勝つ!」「凡ミスを減らす」といった漠然とした目標ではなく、**理想目標・中間目標・現実目標と段階を分け、明確で測定可能な目標とその達成予定日を設定する。**

こうすることで、今日の努力が将来の夢につながっているという感覚を得ることができる。また、現実目標としては、勝敗や順位だけでなく、レベルアップするためのプレー目標も必ず設定する。ショット練習などで努力すれば達成できそうな目標回数を決め、それに挑戦するといった方法は、ラリーの安定性や集中力を高める上で効果的だ。努力してできるようになった達成感を得ることで、自信を深めることができる。

ファーストサービスの確率を
50%から60%にあげる

当面の目標となる現実目標を設定する

当面の目標設定については、試合と練習それぞれにおける目標と実施期日・期間を設定することが重要だ。さらに試合や練習でのプレー目標については、達成のためのプランについても明確にする。それらをノートに書き留めて、定期的に振り返って目標に対する進歩の評価やプランの修正を行う。

心、技、体、生活すべての領域で目標を設定する

目標設定は技術面(サーブの確率を上げるなど)だけでなく、体力面（敏捷性、上半身の筋力、持久力など）、心理面（試合への準備、前向きなセルフトークなど）、さらにはテニス以外の生活領域（学業成績の向上、仕事の場での活躍、家事の責任を果たすなど）についても目標を設定して取り組むようにしよう。

目標

ノートやカードに書き留めていつでも確認する

目標を書き留めたカードは、自分の部屋の壁やロッカールームのような目につきやすい場所に貼っておく。ダブルスについては、個々の目標に加えて、パートナーの得意なプレーを引き出し、苦手なプレーをさせないために、コンビネーションプレーでの目標も設定して、よく話し合って理解を深めながら進めていこう。

●めんたるこぼれ話●

2010 サッカーW杯での高い目標設定

ベスト4という目標設定は高すぎないか。W杯前の強化試合で4連敗したときは、周囲の多くが高すぎる目標設定を批判した。しかし、日本代表は見事一次リーグを突破した。このとき、高い目標設定が生きる。ほとんどの選手がこの結果に満足することなく、決勝トーナメントに目を向けていた。結局は、パラグアイ戦に負けてベスト16で終わったが、中澤選手は「次のスペインとポルトガルのどちらが来てもいいように準備していた」とコメントしている。努力すれば実現可能な高い挑戦的な目標設定がもたらした成果だった。

コツ56

テニス日誌をつける

POINT

1 テニスの練習や試合を行った日には、日誌をつけるようにする。

試合の間にプレーや心理状態も変化するので、前半、中盤、後半、または4ゲームごと、セットごとなどに区分して振り返る。これを継続することで、試合中に自分の心理状態に気づく能力が高まる。

練習や試合後につける日誌に書くべきこと

テニスの練習や試合を行った日には、必ず日誌をつけるようにする。日時や練習のメニュー、試合のスコアだけでなく、プレーに関する良かった点と反省すべき点、セルフトークの内容、練習での取り組み方、試合前の準備、対戦相手の特徴、パートナーの様子など、記しておくべき項目はたくさんある。

理想目標・中間目標・現実目標とその実現プラン、心理チェックやイメージトレーニングや集中力向上トレーニングの結果、リラクセーション方法の実施内容と感想についても、できるだけ詳しく記録しておく。テニス日誌を定期的に振り返ることで、心・技・体それぞれの自分の特徴が浮かび上がり、成長度を確認することもできる。

試合の後に行う「試合後の振り返りシート（次ページ）（P108）」や「心理状態のチェックリスト」などについては、あらかじめたくさんコピーをとっておき、それを日誌のページに張り付けるなど工夫してみよう。

＜試合中のプレーと心理状態のチェックリスト＞

氏名：　　　　　　　　　　　　　　　　記入期日：　　　年　　月　　日

そのときの試合状況
（大会名，期日，環境条件，対戦相手，進行状況，チェック対象ゲーム・時間など）

最高のプレーができた	1	2	3	4	5	最悪のプレーだった
積極的・楽観的な考えをしていた	1	2	3	4	5	消極的・悲観的な考えをしていた
挑戦することを楽しんでいた	1	2	3	4	5	意欲やエネルギーが不足していた
落ち着いて冷静だった	1	2	3	4	5	混乱し動揺していた
筋肉がリラックスしていた	1	2	3	4	5	筋肉が緊張していた
自動的・本能的なプレーをしていた	1	2	3	4	5	意識が先走って指図しすぎていた
プレーに集中できた	1	2	3	4	5	集中していなかった
読みどおりで頭がさえていた	1	2	3	4	5	頭（注意力）がさえていなかった

●めんたるこぼれ話●

「ボロテリ氏のコーチ観」

錦織選手が所属しているテニスアカデミーの創始者ニック・ボロテリ氏が心理学者マーハー氏と共著で書いた本（「テニスプレーヤーのメンタル開発プログラム」ボロテリ＆マーハー（海野訳）、1998、大修館書店）を翻訳出版したことがある。

ボロテリ氏のところには世界中のトップジュニアが集まってくるが、全員がトッププロになれるわけではない。彼らの将来の職業は医者、弁護士、教員、ジャーナリストなどさまざまだという。それではテニスを通して何を身につけさせているのか。彼らが言うには、テニス、スポーツに限らず、人生におけるあらゆることに取り組む際に必要な七つの特性を身につけているのだという。

七つの特性とは、自己認識、自己動機づけ（目標設定）、自己信頼、自己訓練（練習計画と実行）、良好な対人関係、前向きな自己評価、継続的改良であり、今日的話題のＰＤＣＡサイクルのことを指している。これらの特性は、実力発揮だけでなく、実力をつけるために必要なメンタルを高めることに関係している。

コツ57

身体の緊張をほぐすリラクセーション方法

POINT

1 リラクセーション技法には「呼吸法（腹式呼吸）」と「漸進的弛緩法」がある。

リラクセーション技法を取り入れることで、緊張を弛緩することができるようになる。

身体に直接働きかけて緊張や不安をやわらげる

緊張のしすぎや不安の高まりは、筋緊張（筋肉のこわばり）を引き起こし、それがプレーに悪影響を及ぼしてしまうことがある。これを防ぐためには、自己暗示セルフトークやルーティーン行動といった方法だけでなく、**身体に直接働きかけて緊張や不安を低減させるリラクセーション技法を用いることも大切だ。**

その代表的なアプローチが「呼吸法（腹式呼吸）」と「漸進的弛緩法」と呼ばれる2つの技法だ。試合前だけでなく、普段の練習前や自宅にいるときにも積極的に行い、より短時間でリラクセーション効果が得られるようにしておこう。また、呼吸法は試合中のポイント間やコートチェンジの休憩時にも実行することもできる。不安や緊張を感じているときだけでなく、走らされて短く浅い呼吸になっているハードなポイントの後での呼吸調整としても行うとよい。なお、ポイント間の深呼吸は、呼吸に注意を向けることで、余計な妨害的思考から逃れることができるという効果もある。

呼吸法によるリラクセーション技法

■準備
・全身から余分な力を抜く。
・眼を閉じて行ってもよい。
・テニスのことをいったん忘れ、頭の中を空っぽにする。

吸気は 3 ～ 5 秒間かけて行う

❶ 鼻からゆっくり深く息を吸う。このとき身体が浮き上がってくるような感じに気づくようにする。

❷ 腹と横隔膜を使って十分に空気を吸い込み、最初は胸が膨らみ、次第に下腹部が外に出っ張るようにする。

呼気は 5 ～ 10 秒間かけて行う

❶ 一定のペースで、口からゆっくり息を吐く。腕や肩の筋肉を弛緩させ、リラックスしていくのを感じるようにする。

❷ 次第に、重心が地面に向かって下がっていくような落ち着いた感覚を感じる。

■注意点
・吸気から呼気に移るときに一拍（1 ～ 2 秒間）置いてもよい。
・必ず吐くほうを長くする。

リラクセーション技法の効果

1 緊張していることに対する気づきが高まり，その緊張を弛緩することができるようになる。

2 身体の調子が良くなる。

3 気持ちの切り替えがうまくなり、ストレスに強くなる。

4 リラックスがベースとなって，イメージトレーニングなどの目的も効率よく達成される。

漸進的弛緩法による リラクセーション

筋肉の緊張と弛緩を感じ取り、それらを意識的にコントロールすることを学習する。

■準備

・マットの上で仰向け姿勢になる。できれば目を閉じて、両手を体の横に置き手のひらを下に向ける。膝を伸ばし、足は 10 センチほど離す。
・きつめの服や靴は脱ぐかゆるめること。
・目を閉じて深呼吸を 2 ～ 3 回繰り返す。

右腕

①両腕を体側においたまま、右手首をそらして指を天井に向け、肘を伸ばして右腕に力を入れる。
② 5 ～ 8 秒間その姿勢を維持し、両腕の緊張の感じに気づくようにする。
③次に、両手を完全にリラックスさせる。緊張がなくなり、心地よいリラックスした感じに変わることに気づくようにする。
④ 10 ～ 15 秒間、両手を完全にリラックスさせることに集中する。

左腕

・左腕だけで、上記と同様に行う。
・5 ～ 8 秒力を入れて　力を入れたのを感じたら「ストーン」と抜く
・抜いた後も「ジワジワ」と自然に力が抜けていくのを感じる。

右脚・左脚

・力を入れるときは、足の指先を天井に向けて､ふくらはぎからお尻まで力を入れる。

胸

・背中の肩甲骨をくっつけて胸を持ち上げるようにする。

腰

・お尻の穴をすぼめて腰を持ち上げるようにして腰に力を入れるる。

顔

・まぶたを強く閉じて、奥歯をかみしめるようにして顔に力を入れる。

順次部位を追加しての緊張と弛緩を練習する

①両腕＋両脚
②両腕＋両脚＋胸
③両腕＋両脚＋胸＋腰
④両腕＋両脚＋胸＋腰＋顔

覚醒・消去

ゆっくりしていたかったら、しばらくリラックスしていること。

ただし、リラクセーションを行ったあとに何かをするときは、目を覚ましてすっきりする必要がある。ゆっくり目をあける。仰向け姿勢で膝の曲げ伸ばし、脚の曲げ伸ばしを行う。立位の姿勢で顔のマッサージ、背伸び、肩回しなどを行う。

■注意点

・各筋肉群を緊張させている時間は、その秒数を数えることに気を散らさないようにする。
・慣れないうちは一つの筋肉群について緊張と弛緩を 2 度繰り返してから次の筋肉群の練習に移る。
・誰かに項目を読み上げてもらったり、テープなどに録音したものを流したりして取り組むとよい。
・熟達してきたら、緊張段階を省略して、ただ弛緩するだけを行ってもよい。

☆この他のリラクセーション方法

・呼吸を意識しながら、顔のマッサージ・背伸び・あくび
・ヒジやヒザの曲げ伸ばし、ひねり
・姿勢よく立って、肩回し、首回し
・立位姿勢で、息を吸いながら両肩をできるだけ高く持ち上げ、息を止めて 5 秒間キープしてから、息を吐きながら力を抜いて両肩をストンと落とす、これを数回繰り返す。
・立位姿勢で、肘をまげて横に広げ、腕と肩と顔に力を入れる。息を止めて 5 秒間キープしてから、息を吐きながら力を抜いて両肩をストンと落とす、これを数回繰り返す。

コツ58

イメージトレーニングで気持ちをコントロール

POINT
1 普段からイメージトレーニングを習慣化しておく。

目を閉じて深呼吸などをしてリラックス状態をつくる。

イメージトレーニングを習慣化して効果を高める

練習の前後や試合前に行うイメージトレーニングの効果を高めるためには、自宅にいるときなど普段からイメージトレーニングを習慣化しておく必要がある。また、より明確なイメージを思い描くためには、いくつかの基礎トレーニングや自己観察を行い、イメージスキルを高めておかなければならない。実施上の注意点を守ろう。

場所／まずは静かな心地よい環境で行い、慣れてきたら気を散らすことが存在する環境で行う。

準備／目を閉じて深呼吸をしてリラックスする。

時間／1回3～5分間にとどめる。

感覚／視覚・聴覚・嗅覚・運動感覚・感情などすべての感覚を用いる。

プレーイメージ／最終的に成功している姿、最終的に実際のスピードで行う。良好なプレーや心身の状態に導く自己暗示セルフトークを利用する。

終了後／ヒザの曲げ伸ばしや背伸びをした後、目を開け、想起したイメージをワークシートなどに記入する。

イメージトレーニングの基礎

色や図形を頭の中で描くトレーニング

1. 何も描かれていない白スクリーンをイメージする。
2. その上に、鮮やかで濃い青色の円を思い描く。
3. 徐々に青色を薄くして緑色に変える。
4. 緑色から徐々に明るい黄色に変える。
5. 黄色の輝きを徐々に薄くして落ち着きのある薄黄色に変える。
6. 薄黄色から徐々に濃いオレンジ色、暗いオレンジ色、鮮やかな赤色に変えていく。
7. 赤色の円の中に青色の小さな点をばらまく。
8. 青色の点が赤の中ににじんでいき、混ざり合って紫色の円に変える。
9. 紫色を徐々に暗くして黒色に変える。
10. 黒色の円の端を取り除き、正方形にする。
11. 黒色の正方形をグレーに変え、さらに徐々に明るくしていく。
12. 最後に白色となり、最初と同じ白色のスクリーンに戻る。

五感を使ってイメージするトレーニング

1. テーブルの上にあるジュースの入ったコップとその横に置かれた氷の入ったボウルとスプーンをイメージする。ジュースはコップの 3/4 ほど入っていて、部屋の温度と同じ程度になっている。

2. 人さし指をコップに入れてジュースをさわる。ふれたときの指の感じや液体の波紋が広がっていく様子に注意する。

3. 次に氷の入ったボウルに手を伸ばし、氷の立方体をわしづかみにする。冷たさや氷の感触に注意する。

4. 手に持った氷をジュースのコップに中に落とす。コップからジュースが飛び散る様子に注意する。

5. スプーンを手に持って氷の入ったジュースのコップの中をかき混ぜる。指や液体、氷の動き、音に注意する。

6. スプーンを取り除き、コップを持ち上げて口に運び、ジュースを飲む。口の中に広がるジュースの味や温度、喉から食道を通って胃の中に降りていく感じに注意する。

コツ59
数字ゲームで集中力を養う

POINT

1 配置された数字を見極めて集中力を磨く。

グリッドエクササイズ（数字探し）

00～99までの百個の数字が10列×10列の格子に無作為に配置されている用紙を準備する。指定された特定の数字から開始して、連続する数字を一定時間内（普通は2分間）にできるだけ多くマークする。多大な努力を必要とする作業を行うことによって、自分の意図することに注意を持続的に集中する能力を高めることができる。

作業成績にはいくつかの注意のタイプが反映される。つまり、作業に集中するには狭く外的な注意が、たくさんの数字を走査するには広く外的な注意が、記憶をしておくには広く内的な注意が関係している。2分間で20個程度マークできるだろう。10個では少なすぎる。30個以上なら優れている。

この作業に困難さを導入するために、騒音とかヤジによる妨害条件下で行う、何人かでマークをつける鉛筆の音が聞こえる程度に接近した席に座って競争条件下で行う、などの工夫をすると面白さが増す。

コツ60

振り子で集中力を養う

POINT

1 振り子を持つ手と動くイメージを一体化させて、集中力をアップする。

振り子の動きに注視する

25cm程度の長さの紐に、五円玉などの小さな重りを取り付けておく。利き腕のヒジをテーブルにつけ、親指と人さし指で紐を持つ。前腕を45度に上げ、重りをテーブルから持ち上げる。そして重りが、ある方向（例：左右、前後、時計回り、反時計回り）に動くように精神を集中する。すると、ただ頭の中で考えているだけなのに、望んだように重りが動き始める。精神集中がいかに筋反応に影響を及ぼすかが確かめられると同時に、自分の意図することに注意を持続的に集中する能力を高めることにも役立つ。

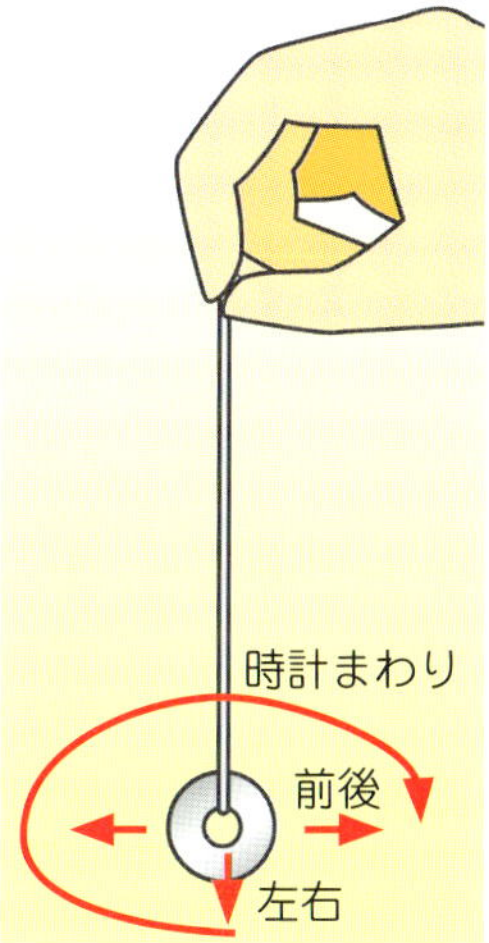

頭の中で振り子が動くことを強くイメージする。

●めんたるこぼれ話●

怪我をしたときのコート外の練習

スポーツ選手にとって、怪我をして練習ができないときほど苦しいことはない。治癒までの期間が長びくほど、「元通りに治るのだろうか」「ライバルに後れをとるのではないか」といった不安と焦燥感が大きくなる。そんなときは焦らず①から⑤のトレーニングをしてみよう。

①リラクセーショントレーニング
不安や焦燥感、その他の精神的緊張を解くことができる。

②積極的思考
この時期を逃すと将来がないと考えるのではなく人生は長いと捉える、コートで練習できない時期を他のことの学習に利用しようと捉える、などの思考転換で、悪循環を断ち切る。

③イメージトレーニング
技能の低下を防ぐことができる。また、学習したい理想のフォームや態度を撮影してあるＶＴＲを使って、理想のショット、プレー、態度等に関するイメージを向上することができる。

④作戦・戦術の知識を獲得する
合理的ポジション、配球のセオリー、環境条件や相手の特徴に応じた作戦、試合の流れに応じた心理的勢いなどについて知識を深めることは、作戦を立てる際に有効なだけでなく、相手の意図を予測する上で重要となる。

⑤ VTR を使って知覚トレーニングを行う
試合を録画した VTR を途中で一時停止して、次の展開を予想する。予測能力の向上に役立つ。

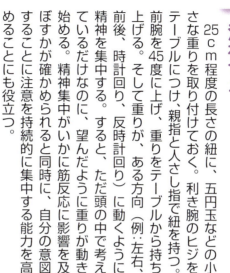

●めんたるこぼれ話●

「ミスジャッジをしてしまう」

あるアマチュア選手から、セルフジャッジの試合で、相手の打球がラインにかかっていたのに誤ってアウトとコールすることがあるという相談があった。「勝ちたい」→「この１ポイントがほしい」→「相手の打球に対してミスしてほしい」→「アウトになれという祈り」→「アウトに見えてしまう」。これは選手として、実に正直な反応といえるが、これでは周囲の者から嫌われてしまう。今後はライン上のボールを打ち返すことに集中するようアドバイスした。つまり、相手のミスを願うのではなく、相手のベストショットに挑戦することを目指すのである。その上で、本来のセルフジャッジのルールに則って、ラインから明らかに離れていたら、アウトをコールすればよい。

私は海外研修の際に、お楽しみのトーナメントにいくつか出場したことがある。あるとき、試合後に妻の感想として、随分相手のアウトボールをインにしてプレーしていたことを告げられた。外国の地でトラブルを起こしたくないという想いがどこかにあり、きわどいボールの範囲が拡大していたのだろう。その試合で、私が伸び伸びと挑戦的なプレーしていたことは言うまでもない

「ボールが消えた」

初級者を対象にボールを見ることの実験を行ったことがある。今どこでボールを打ったかについて、ラケットで位置を示すように要求した。勘に頼って再生しているときには誤差があったが、しばらくして、被験者がこう言った。「先生、ここでボールが消えました」。打球の瞬間までボールを見続けると、当たった瞬間にボールは消える。被験者の言葉は真実であり、私にとっては新鮮な言葉であった。もちろん、ラケットの再生位置は正確になっていた。

おわりに

著者あとがき

書店に並ぶスポーツ書をみると、嘗てのように技術や体力に関するものだけでなくメンタルに関する書籍も多くなった。今やスポーツにおける心・技・体の調和の重要性に異議を唱える者はいないだろう。

本書は、私がスポーツ・メンタルトレーニングに関する大学での講義や公開講座、各種の講演会や研修会で使用してきた資料に基づいて著したものである。PART1では、実力発揮のためのメンタルトレーニングについて正しい理解を促そうとした。未だにメンタルトレーニングのことを試合に勝つための心理的駆け引きと誤解している人もいるが、むしろ、あらゆる障害や困難な状況を受け入れ、普段通りにプレーするためのものと捉えていただきたい。なお、予測や戦術もスポーツ心理学における重要な研究領域であるが、これらについては本書では扱っていない。

PART2では、テニスにおける心理的問題について理解を促すとともに、それらの問題状況について「ものの見方」を工夫することを取り上げた。ここには、セルフトークに関する私の研究成果が盛り込まれている。

PART3では、日ごろの練習における取り組みとして、試合を想定したモデルトレーニング（シミュレーショントレーニング）を紹介した。これらを参考にして、読者自身による更なる工夫が促進されることだろう。

PART4では、試合前の準備から試合中のメンタルコントロール、更には試合後の振り返りや次の試合の準備までを取り上げた。とくに、余計な妨害的思考から解放させ、プレーへの集中を促す「ボールとの声合わせ法」は、ガルウエイ著「インナーゲーム」に端を発しているが、この技法がフットワーク、タイミング、ライジング打法、予測力の向上など多くの利益をもたらすという新たな見解を提出した。また、ダブルスにおけるパートナーとの良好なコミュニケーションのとり方についても紹介した。

PART5では、コート外での取り組みとして、目標設定、イメージトレーニング、リラクセーションといった基礎的なメンタルトレーニング技法を取り上げた。

2011年のワールドカップ女子サッカーで日本チームが優勝のときは、選手のメンタルがクローズアップされた。「精神的に強いとはどういうことか」の質問に対して、私はきまって「あきらめないこと」と答えている。なでしこジャパンのプレーには、まさに「あきらめない」精神的な強さが光っていた。

また、日本は2011年3月11日に、未曾有の巨大地震に襲われた。「頑張ろう」という言葉ではなく「大丈夫」の言葉かけが必要な状況になったことは言うまでもない。スポーツを通してのメンタル面の取り組みが、スポーツにとどまらず、人生のあらゆる分野に役立てられることを願ってやまない。

最後に、本書の出版の機会を提供して下さったメイツ出版株式会社、株式会社ギグの関係各位、そして、写真撮影に協力してくれた宇都宮大学テニス部部員、巻頭のインタビューで貴重な話題を提供してくれた植田実氏に対して、心より深く感謝します。

著者　海野　孝

著者プロフィール

海野　孝（かいのたかし）

元宇都宮大学教育学部教授。専門は体育・スポーツ心理学。

新潟県長岡市出身１９４８年２月生。

県立長岡高校、東京教育大学（現筑波大学）在学中に、インターハイ、インカレ、国体等の全国大会に出場。東京教育大学大学院を修了後、東京女子体育大学および筑波大学に教員として勤務する傍ら、テニス部の監督として積極的な指導を行った。当時の教え子は現在日本テニス界を支える人材として活躍しており、その中には、アテネオリンピック及びフェドカップ日本チーム監督を務めた植田実氏を始め、数人のインターハイ優勝監督が含まれている。

１９８４年に宇都宮大学に勤務してからは、次第に大学の組織運営領域での貢献が多くなり、附属中学校校長、評議員、理事兼副学長などの要職を歴任した。

大学の講義以外にも、全国及び地方レベルにおけるメンタルトレーニングに関する講演、テニス指導者実技研修会の講師、県市地方行政の各種委員会委員長を務めるなどして様々な社会貢献を行う。

主な著書
「スポーツメンタルトレーニング教本　改訂版」大修館書店，2005. ＜分担（ポジティブシンキング）＞
「テニス―トッププレーヤーへの道」大修館書店，1999. ＜共訳＞
「メンタル開発プログラム」大修館書店，1998. ＜単訳＞
「テニスのメンタルトレーニング」大修館書店，1992. ＜共訳＞
「新版運動心理学入門」大修館書店，1987. ＜分担（発達，統計）＞
「スポーツの科学」朝倉書店，1985.　＜分担（テニスの予測）＞
「実戦硬式テニス」大修館書店，1978. ＜共著（戦術、指導）＞

参考文献・ビデオ
猪俣公宏　編、1997、選手とコーチのためのメンタルマネジメント・マニュアル、大修館書店
ジム・レアー、1987、勝つためのメンタルトレーニング、スキージャーナル
海野孝、1988、テニスのためのメンタルトレーニング、体育の科学、第 38 巻第 5 号、pp.877-882
海野孝、2001、セルフトーク技法のテニスへの応用、体育の科学、第 51 巻第 11 号、pp.337-340
海野孝・山田幸雄、2010、認知的セルフトークと心理的競技能力の関係―テニス・セルフトーク尺度の開発―、宇都宮大学教育学部紀要、第 60 号第一部、pp.91-106
ニック・ボロテリ＆チャールズ・マーハー（海野孝　訳）、1998、テニスプレーヤーのメンタル開発プログラム、大修館書店
日本スポーツ心理学会、2005、スポーツメンタルトレーニング教本改訂増補版、大修館書店
ロバート・S・ワインバーグ（海野孝・山田幸雄・植田実　訳）、1992、テニスのメンタルトレーニング、大修館書店
J. L. Van Raalte& C. Silver-Bernstein, 1999, Sport psychology library, Fitness Information Technology Inc.
W. T. ガルウエイ（後藤新弥　訳）、1976、インナーゲーム、日刊スポーツ出版社
W. T. ガルウエイ（後藤新弥　訳）、2000、新インナーゲーム、日刊スポーツ出版社
山中寛・富永良喜、1999、こころを育むストレスマネジメント技法・ビデオ、南日本放送

試合で勝てる！
テニス　最強のメンタルトレーニング　新装版

2019 年 1 月 5 日　第 1 版・第 1 刷発行

著　者　海野　孝（かいの　たかし）
発行者　メイツ出版株式会社
代表者　三渡　治
〒102-0093 東京都千代田区平河町一丁目1-8
TEL：03-5276-3050（編集・営業）
03-5276-3052（注文専用）
FAX：03-5276-3105
印　刷　株式会社厚徳社

●定価はカバーに表示してあります。
©ギグ,2011.2019.ISBN978-4-7804-2130-9 C2075 Printed in Japan.
ご意見・ご感想はホームページより承っております。
メイツ出版ホームページアドレス http://www.mates-publishing.co.jp/
編集長：折居かおる　企画担当：大羽孝志/堀明研斗　制作担当：堀明研斗

※本書は2011年発行『試合で勝てる！テニス　最強メンタルトレーニング』の書名・装丁を変更し、新たに発行したものです。